신뢰는
어떻게
사기가
되는가

일러두기

1. 도서는 겹화살괄호(《 》), 도서의 일부(《논어》의 각 편 등), 논문, 통계자료 등은 홑화살괄호(〈 〉)로 표기했습니다.

2. 국내에 소개된 도서는 번역된 제목을 따랐고, 국내에 소개되지 않은 도서는 병기 후 원어 제목을 독음대로 적거나 우리말로 옮겼습니다.

3. 국립국어원의 외래어 표기법을 원칙으로 했으나, 국내에 널리 알려진 일부 인명은 관례를 따랐습니다.

4. 본문에 인용된 원전은 가독성을 위해 우리말로 옮겨 실었습니다.

쑨중싱 지음 | 박소정 옮김

진리는 어떻게

어떻게

거짓 세상으로부터 나를 지키는 법

사기가

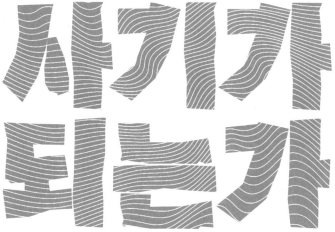

되는가

세종

본래 사회학은 이런 것이어야 했다

사회학은 사회를 연구하는 학문이기에, 사회에서 일어나는 모든 일이 사회학적 성찰의 대상이 될 수 있다. 사회학은 본래 팔색조이어야 한다. 하지만 일상에서 빈번히 일어나는 현상임에도 불구하고 사회학이 연구 주제로 삼지 않는 것도 있다. 사기 또한 대표적인 그 사례일 것이다. 진작에 다루었어야 할 사회현상을 정작 사회학이 외면하는 것이다. 무엇보다 사회 그 자체를 감지할 수 있는 민감한 촉수를 상실한 사회학자의 둔감함과 세상을 제대로 살피지 않는 게으름이 그 주된 원인이다. 다행스럽게도 가끔은 사회학과 사회에서 일어나는 일 사이의 간극을 연결하는 멋진 다리를 놓는 사회학자가 출현하는 데 대만의 사회학자 쑨중싱 또한 그 리스트에 오르기에 충분한 자격을 지녔다.

쑨중싱은 지금까지 사회학이 주목하지 않았던, 아니 사회학적 주제가 될 수 없다고 섣불리 판단해버렸던 사기를 분석의 대상으로 삼아 사회학이 무엇을 할 수 있는지를 멋지게 보여준다. 스캔들이나 형사처벌의 관점에서만 접근되어 오던 사기를 본격

신뢰는 어떻게 사기가 되는가

적인 학문적 성찰의 대상으로 삼은 쑨중싱 덕택으로 우리는 '사기'를 통해 당대의 '일상' 속으로 깊숙이 들어갈 수 있게 되었다.

각 시대에는 그 시대를 풍미하는 희대의 사기사건이 있었다. 조선시대엔 대동강 물을 팔아먹었다는 봉이 김선달이 있었고, 연애가 지금처럼 자유롭지 않았던 1950년대에는 박인수라는 사기꾼의 애정행각이 신문 사회면의 톱기사였었다. 부동산 투기가 극성이던 1980년대를 상징하는 사기사건의 주역은 당연 장영자이며, 물질만능주의와 허세가 작렬하는 21세기엔 전청조 사건이 벌어졌다. 이렇듯 사기는 그 어떤 사회현상보다 그 시대의 특징을 잘 드러낸다.

시대가 변하면 사기의 형태도 변한다. 박인수에 속아 넘어가는 사람은 더 이상 없지만 로맨스 스캠romance scam이라는 사기행각의 피해자는 우리 시대에 드물지 않다. 봉이 김선달처럼 대동강물을 팔아먹는 사기꾼은 사라졌지만, 보이스피싱voice phishing이 의심되는 문자와 전화를 받지 않고 하루를 보내는 사람이 없을 정도로 사기는 최첨단 디지털화 된 모습으로 우리의 일상에 자리 잡았다. SNS에서 수많은 팔로워를 거느렸던 이른바 '인플루언서'가 SNS 상에 전시했던 스펙이 모두 거짓이었음이 밝혀지는 일도 심심치 않게 일어나는 게 우리가 살고 있는 시대의 모습이니 사기에 대한 입체적 분석은 그 어느 때보다 절실히 요구된다. 쑨중싱은 우리를 대신해 사기의 메커니즘을 체계적으로 분석해냈다.

사기를 진지한 성찰의 대상으로 삼았다는 착상의 독특성뿐만 아니라, 이 주제를 글로 표현하는 쑨중싱의 글쓰기 방법 또한 신선하며 놀랍다. 깊이를 추구하는 학술서는 다루는 주제의 깊이와 해당 학문의 방대한 연구 성과의 무게에 짓눌린 나머지 지나치게 진지하여 교양 독자의 흥미를 이끌 수 있는 문체로 서술되는 경우가 거의 없다. 반면 대중교양서는 선택한 주제나 책 제목에서는 현대 독자의 눈길을 확 잡아당기지만 그 내용이 빈약하여 "제목이 전부다"라는 비아냥을 불러일으키기도 한다.

신뢰는 어떻게 사기가 되는가

쑨중싱의 이 책은 절묘하게도 대중교양서와 학술서의 그 어딘가에 있다. 교양서의 깊이의 부족함과 학술서의 숙명인 듯한 흥미 유발의 취약성 모두를 이 책은 절묘하게 비껴간다. 독자가 현상은 잘 짚고 있는데 체계적인 분석이 부족하다고 의심하는 순간, 쑨중싱은 아주 적절하게 학술 세계의 언어를 빌려온다. 그가 빌려오는 학술 세계의 언어는 지나치지도 부족하지도 않은 중용의 미덕 그 자체라고 해도 과언이 아니다. 학술도서에 익숙한 독자라면 쑨중싱의 글쓰기에서 학술도서의 약점을 보완할 수 있는 방법을 배울 수 있고, 내용전개가 뻔한데 길기만 한 대중교양서에 지친 독자는 깊이와 흥미는 반드시 양자택일이 아니라는 증거를 이 책에서 발견할 것이다.

독자의 지식욕을 충족시켜주는 책은 좋은 책이지만, 그 보다 더 좋은 책이 있다면 지식욕 충족을 넘어서서 삶에 대한 성찰의 계기까지 던져주는 책일 것이다. 쑨중싱의 이 책은 좋은 책이 넘어야 하는 마지막 도전과제 역시 성공적으로 '클리어'해냈다.

세상은 착한 사람만으로 구성되어 있지 않다. 착한 사람이 세상의 절반이라면, 그 나머지 절반은 악한 사람이다. 인생을 살면서 범죄에 연루되지 않거나 사기의 희생자가 되지 않았다면 그 자체로 괜찮은 인생이라 할 수 있을 정도로 세상에는 곳곳에 우리를 사기의 희생자로 만들 수도 있는 함정이 가득하다. 쑨중싱도 자신이 책을 쓴 이유로 "사기로부터 자유로워지는 데 조금이라도 도움"이 되면 좋겠다고 밝히고 있기도 하다. 이 책은 독자로 하여금 사기꾼에게 당하지 않으면서 자신을 지키는 방법에 대한 성찰로 이끈다.

이 책이 사기꾼 감별법으로 환원되지 않는다는 점은 이 책의 더 큰 미덕이다. 그는 거대한 사기가 벌어지는 일련의 과정 분석에 멈추지 않고, '거짓말'과 '기만'이라는 틀로 우리의 일상을 들여다보게 유도한다. 어찌 보면 사회관계란 거짓말과 그 거짓말을 그럴싸하게 보이도록 하는 섬세한 연출에 의해 만들어진 거대한 사기극이라고 해도 과언이 아니다. 썸 타는 사람에게

신뢰는 어떻게 사기가 되는가

그리고 데이트 상대에게 자신의 매력을 어필하기 위해 어떤 과장도 그리고 숨김도 행하지 않은 사람이 세상이 어디 있겠는가? SNS에 자신을 그 어떤 과장도 연출도 없이 전시했다고 단언할 수 있는 사람이 어디 있겠는가? 누구나 크든 작든 거짓말을 한다. 각종 이유로 우리는 자기기만도 서슴치 않는다. 쑨중싱이 슬쩍 내미는 거울로 자신을 들여다보면 사기꾼을 향해 손가락질을 하던 독자는 그 손가락이 자신에게도 향함을 깨닫게 된다. 쑨중싱은 자신의 이 책이 "모두가 사기에 부응하는 어두운 길로 들어서지 말고 언제나 진실의 힘으로 자신을 무장하여 밝게 빛나는 삶을 살아가길" 바라는 마음으로 썼다고 했다. 읽는 동안 많은 것을 깨달았고 배웠다. 책을 덮으면서 이렇게 말했다. 그렇다. "본래 사회학은 이런 것이어야 했다"고.

노명우 (사회학자, 니은서점 마스터 북텐더)

세상에 사기 없는 곳은 없다!

'사기'하면 무엇이 먼저 떠오르는가? 통상적으로 우리는 사기 피해자라고 하면 왠지 조금은 멍청하고 모자란 인물을 떠올리고, 사기꾼은 간교하고 처세에 능한, 나름의 지능을 갖춘 인물을 떠올린다. 그리고 재미있게도 우리 대다수는 자신이 사기 피해자와 사기꾼 중 어디에도 속하지 않는 중간지대에 있다고 여긴다. '사기'와 '나' 사이에 일정한 거리를 두는 것이다. 과연 그럴까?

세상에 사기가 없는 곳이 없고, 사기로부터 자유로운 사람도 없다. 당신도 알게 모르게 사기의 피해자일 수도 있고, 어쩌면 가해자일 수도 있다. 물론 인지 못하는 사기는 그다지 큰 피해가 없겠지만 말이다.

이 책은 우리 사회 곳곳에 숨어 있는 사기를 더 많은 사람이 이해했으면 하는 마음에서 쓴 것이다. 이런 이유로 '학술적'인 내용 중에서 일반 대중의 삶과 밀접하게 관련된 주제들을 뽑아 사회학과 사회과학 분석 성과를 공유했다. 심리학, 생물학, 인류학 등 다른 학문과 달리 사람과 사람, 사람과 집단을 연구하는 사회학의 관점에서 이론, 연구, 사고를 바탕으로 어디에나 존재하는 사기라는 사회적 현상을 깊이 이해하려 노력했다. 손 놓고 당했다는 이유로 자책하거나 남 탓을 하는 게 아니고 말이다.

운 좋게 자신이 직접 사기를 당한 적은 없더라도, 누구나 살면서 혹은 언론 매체를 통해 사기 사건을 접했을 것이다. 사기 사건이 소재인 영화나 드라마 중에는 지어낸 이야기도 있지만, 실화를 바탕으로 한 작품들도 있다. 사기에 대한 경각심을 일깨우는 것도 많고, 누구나 사기로부터 자유롭지 못함을 노골적으로 강조하는 작품들도 많다. 하지만 우리 사회에서 사기를 근원적으로 차단하기에는 역부족이다. 왜일까? 사기가 인간 본성에 근거한 지극히 심리적 전술이기 때문이다.

'사기'와 '믿음'은 떼려야 뗄 수 없는 관계다. 서로가 인과 관계이자 표리 관계인 셈인데, 이는 내가 오랜 시간 사회학, 사회심리학, 철학, 역사 고전 등 여러 자료를 연구하고 통합해서 내린 결론이다.

실질적인 사회 문제로서의 사기 범죄는 갈수록 조직화되고 글로벌하게 진화하며 높은 임금을 제시하며 무지한 사람들을 끌어들이고 있다. 지금도 여전히 사기 관련 뉴스들을 접하는 만큼 교육, 경제 환경, 법적·제도적 측면에서 사기 방지를 위한 노력을 강화해야 한다. 이에 조금이나마 힘을 보탤 수 있기를 바라는 마음에서 이 책을 출간했다. 우리 사회에서 집요하게 우리를 둘러싸고 있는 '사기'의 본질을 이해하는 것으로부터 사기 예방을 시작하자는 취지다.

나는 대만대학교 사회학과에서 35년간 학생들을 가르치며 많은 수업을 개설했는데, 그중 '사기의 사회학'이라는 강의 내용을 새롭게 정리한 것이 이 책의 내용이다.

먼저 다룰 주제의 토론 방향과 관련 참고 도서 목록을 상세하게 정리했다. 나처럼 독학을 즐기는 사람들의 편의를 위해 수업 진도를 구성한 것이다. 다년간 꾸준히 유지해온 방식대로 수업은 '기본 문제'에서 시작한다. 내게 익숙한 중국어 및 외국어 자료에서 '사기' 관련 개념을 논의하고 그 개념이 역사에서 어떤 식으로 발전하고 변화했는지 거슬러 올라가 수많은 선인先人

이 내린 정의와 연구 방법을 참고했다.

　그렇게 내린 사기의 정의와 사기에 적용할 수 있는 사회학 분석틀을 정리한 뒤, 그 분석틀을 가지고 사기의 다양한 측면을 논의했다. 나는 주로 '사기'를 주제로 한 역사 이야기와 역대 사상서들의 사기 분석 내용부터 살펴본다. 처음에는 다른 서적이나 인터넷 검색을 통해 이런 지식을 배웠지만, 이 책에서는 원본 문헌이나 원전原典을 참고하고 사상가나 원전의 전체 맥락을 토대로 그 사상가가 말하려던 본래 뜻을 해석하며 '단장취의(斷章取義, 필요한 부분만 인용해 내 입맛대로 해석해서 쓰는 것)'하지 않으려고 최대한 노력했다. 참고문헌이 상세하기를 바라는 건 무리일 수 있으나, 이 책에 인용한 부분만큼은 내가 이해한 내용을 바탕으로 과감하게 내린 결론이다.

　그다음은 내 전공인 사회학 이론을 인용해 주제와 관련한 사회학 개념을 찾아 사기의 다양한 측면을 설명했다. 학생들이 '따분하고 추상적이며 쓸모없어' 보이는 사회학 이론을 활용하는 법을 배우게 하려는 것이다. 그리고 나서 자아와 타자, 4대

사회적 불평등(연령, 성별, 인종, 계급)과 주요 사회제도(가정, 학교, 직장, 정치, 경제, 종교, 문화, 과학…) 등 사회학 주제로 넘어갈 예정이었다. 하지만 시간과 능력의 한계로 충분한 자료를 찾을 수 없어 포기한 주제들도 있다. 이 부분과 관련해서는 내가 스스로 더 노력하든지 아니면 후배 연구자들이 애써주기를 기대해보는 수밖에 없겠다.

'사기'라는 주제는 사실상 매우 심각하고 우리 일상 곳곳에 만연해 있는 사회 현상임에도 대만 국내 사회학계나 사회과학계, 심지어 일반 학술계에서조차 관심을 갖거나 연구한 성과가 없는 것 같다. 그래서 대부분 해외에서 연구한 자료를 참고 문헌으로 활용할 수밖에 없었다는 게 이 책의 단점이다. 이 책을 준비하면서 최대한 원본 문헌을 찾아 인용하고 시중에 있는 입문서와 너무 전문적인 내용은 가능한 의존하지 않으려고 노력했다.

그밖에 사기 집단과 관련한 연구는 찾지 못해 그들이 어떤 식으로 움직이는지에 대해서는 사회학 이론의 추상적인 설명으로 단순화할 수밖에 없었다. 나는 이런 집단이 어떻게 형성되고 어떤 체계와 통제 모형을 갖추고 있는지 심층적으로 이해해야만 장기적으로 사기를 예방하고 근절하는 데 더 효과적이라고 생각했다. 부디 학술계에 몸담은 후배들이 우리 일상을 괴롭히는 문제에 더욱 관심을 가져주기를 바란다.

끝으로 원고를 집필하고 편집하는 과정에서 잘못을 바로잡고 여러모로 도움을 준 린신이林欣誼, 다이촨신戴傳欣 두 분께 감사드린다. 이분들 도움이 없었다면 이 책은 지금과 같은 방식으로 세상에 나오지 못했을 것이다. 하지만 이 책에 사실과 다른 부분이 있다면 그것은 순전히 내 불찰이니 나의 책임이라는 점을 분명히 해둔다. 정성을 다해 만든 책이니만큼 사기로부터 자유로워지는 데 조금이라도 도움이 되면 좋겠다.

1장

인류의 역사는
곧 사기의 역사다

"사람은 단순하다. 당장 눈앞에 필요한 것만 신경 쓰다 보니
사기꾼은 언제나 자신에게 기꺼이 속아줄 사람을 찾을 수 있다."

니콜로 마키아벨리

사기는 아마 인류 역사의 시작부터 있었을 것이다. 그건 인류가 악해서가 아니라, 오히려 '믿었기' 때문이다. 사회에는 믿음이 존재하게 마련이고, 믿음에는 언제나 사기 위험이 따라다닌다. "믿음이 없으면 사기도 없다"고 표현해도 전혀 지나치지 않다.

그렇다면 이 책에서 다루는 '사기'란 무엇일까?

간단히 말해서 사실과 다르거나 앞뒤가 맞지 않는 말은 거짓말 아니면 사기다. 정도 차이는 있지만 이와 비슷한 현상을 침묵, 은폐라고도 부른다. 이 책에서는 맥락상 '거짓말'과 '사기'를 번갈아 사용했지만, '거짓말'보다 '사기'에 더 무게감이 있다.

그런데 일상생활에서 '사실과 다른 허구'라도 거짓말이나 사기로 간주되지 않는 경우가 있다. 문화예술 작품에서 "이 작품은 철저히 허구이며 실제와 같은 부분이 있더라도 우연에 지나지 않습니다"라는 면책 성명을 자주 볼 수 있다. 관객도 작품이 거짓말을 하든 자신이 속았든 상관하지 않는다. 다만 '다큐멘터리'는 스토리가 있는 영화보다 진실성에 대한 요구치가 높기는 하다.

또 마술사의 공연을 볼 때도 사람들은 눈에 보이는 게 진짜가 아닌 걸 안다. 훌륭한 공연을 보고 나서 절묘한 수법에 감탄하기는 해도 마술사가 거짓말을 하거나 사기친다는 생각은 하지 않는다. 마술사 수법을 간파하는 영화가 나와도 그냥 "그런 거였구나" 할 뿐이지 마술사를 사기죄로 고소하지는 않는다.

　따라서 이 책에서는 '사기'를 과정으로 볼 것이다. 이 과정은 애초에 거짓말을 한 사람(또는 단체), 사기를 친 사람(또는 집단), 사기를 당한 사람(또는 집단)의 의도, 사기 내용, 수법, 사기로 일어난 결과를 포함하며 당시 상황과 규범까지도 포괄한다.

　사기 과정에서 사기 당사자(또는 집단)는 처음부터 두 가지 현실 모드를 오간다. 사기를 치는 쪽은 처음부터 끝까지 '사기 모드'이고 사기를 당한 쪽은 '진실'이라는 열세에 놓인다. 사기꾼의 임무가 끝나고 속은 사람의 정신적, 물질적 피해가 이미 발생한 후일지라도 속은 사람이 '사기 모드'였다는 걸 자각해야만 비로소 진정한 의미에서 사기가 완성되는 것이다.

　소설이나 마술에서는 진짜가 아닌 상황이 등장해도 작가나 마술사의 동기가 사람들을 즐겁게 하는 것이고(물론 돈을 벌기 위해서이기도 하다), 이런 '연출된 상황'은 '사회 규범'이 허용하는 방식이라 거짓말, 사기의 비교 대상이 될 수 없다. 따라서 이 경우는 책에서 다루지 않을 예정이다.

거짓말과 사기를 간단히 정의한 다음에는 인류 역사의 관점에서 살펴볼 것이다. 나는 동양과 서양의 고전에서 사기와 관련한 수많은 이야기와 사상을 보고 감탄을 금치 못했다. 동서고금을 막론하고 사기 사건은 본질적으로 같다. 사기당하는 사람이 다를 뿐이다. 비관적이지만 이런 의심이 들기도 한다. 인류 역사는 어쩌면 사기의 역사, 좋게 말하면 신뢰와 사기의 분투사일지도 모른다고 말이다.

신뢰는 어떻게 사기가 되는가

화술과 전술도 일종의 사기다?
《논어》에서 《손자병법》까지

한때 호기심으로 중국 고대 자서(字書, 한자 하나하나의 뜻과 음을 풀
이한 책)를 검색해본 적이 있다. 동한東漢 시대 허진許慎의 《설문
해자說文解字》를 보면 '欺(속일 기)'와 '詐(속일 사)'는 있지만, 오
늘날 중국인에게 익숙한 '騙(속일 편)'과 '謊(속일 황)'은 없었다.
또 '欺'와 '詐'는 '言(말씀 언)' 자가 부수인 글자와 관련이 많았
다. 그 당시에 '欺'나 '詐'는 말의 앞뒤가 맞지 않거나 언행불일
치에만 해당하는 것으로 여겨졌다. 즉 사기의 영역이 화술에 한
정되었던 것이다. 흥미로운 것은 이뿐만이 아니다.

　자, 이제 본격적으로 《논어》부터 살펴보자.

내가 가르치는 건 사기가 아니니라

자로가 임금을 섬기는 일에 대해 묻자 공자가 말했다. "속이
지 말고 바른말을 해야 한다." 〈헌문편 제22장〉

여기에서 말하는 임금은 오늘날 직장 상사를 지칭할 수도
있다. 그렇다면 공자는 "네 상사를 속이지 말고, 세상에서 실제
로 무슨 일이 일어나는지 알리며, 숨기거나 아부하지 말라"고
말한 것이다.

그랬는데 공자가 제자들에게 크게 화를 낼 일이 생겼다. 노
나라의 강력한 가문 중 하나인 계씨 가문의 부하였던 자로와 염
구(공자의 제자인 자유와 동일인물)가 백성들의 생계를 생각해서 계씨
의 잘못을 바로잡아야 하는데도 그러지 않고, 주인이 시키는 대
로 행동했기 때문이다. 염구는 자기 분수에 맞지 않게 태산泰山에
가서 제사를 지내려는 계씨를 말리지도 않고(〈팔일편 제6장〉) 이
미 충분히 부자인 계씨를 위해 백성의 재산을 강제로 빼앗기도
해서 공자가 "너희 모두 그를 대대적으로 공격해도 좋다"고 분
노하기도 했다.(〈선진편 제17장〉)

또 한 번은 공자가 작은 나라인 전유를 정벌할 구실을 찾는
계씨를 꾸짖었는데 자로와 염구는 직언하지 못했다(〈계씨편 제1
장〉). 그런데 공자의 또 다른 제자 유자는 세금을 올리려는 노국

임금 앞에서 "백성이 풍족한데 어찌 임금이 풍족하지 않을 수 있으며, 백성이 풍족하지 않은데 어찌 임금이 풍족할 수 있겠습니까?"(〈안연편 제9장〉)라며 감세의 필요성을 설파했다.

또 공자는 일찌감치 믿음과 속임수 간의 관계를 간파하기도 했다.

> 공자가 말했다. "남이 나를 속일 거라고 미리 짐작하거나 나
> 를 믿어주지 않을 거라고 억측하지 않는다. 그런데 만약 사
> 기와 불신을 먼저 알아차릴 수 있다면 현명한 사람이다."
> 〈헌문편 제31장〉

'逆詐(역사)'란 남이 나를 속일 거라고 미리 가정하는 것이다. 사람을 만날 때 이런 생각부터 한다면 좋은 인간관계로 발전하기란 불가능하다. 그런데 웃어른에게 사람을 조심하라는 교육을 받아서 혹은 사기당할까 봐 무서워서 누군가 나에게 잘해주면 불순한 의도가 있는 건 아닐지 의심하는 사람이 많다. 공자는 이를 염려했고, 또한 상대가 나를 믿어주지 않을까 미리 억측하는 것도 경계했다. 그러면서도 믿음이 안 가고 사기 칠 것 같은 사람을 미리 알아채는 능력이 현명한 것과 다르지 않다고 했다.

공자가 살던 시대에는 사기당하는 사람이 많아서 "남을 쉽게 믿고 지나치게 솔직하면 안 된다"라는 교훈이나 웃어른이 손

아랫사람에게 "사람을 만나면 속내를 털어놓지 말고, 하고 싶은 말이 있어도 다 하지 말고 참아야 한다"는 식의 말이 두루 통했다. 하지만 이게 공자가 주장한 내용은 아니었다. 그 당시 대다수 사람의 심리 상태였을 뿐이지 공자의 생각과는 정반대였다. 위 글귀에 나오는 '詐(사, 사기)'와 '信(신, 믿음)'을 보더라도 공자는 일찌감치 이 둘의 공생 관계를 이해하고 있었다. 사기는 믿음을 전제로 한다는 것을 말이다.

왜 그렇게 멍청하게 굴어?

유교적 논의에 비해 법가의 《한비자》는 피해자를 강하게 질책하며 피해자에게 '2차 가해'를 한다. 사기 피해로 이미 힘들대로 힘든 피해자에게 "왜 그렇게 멍청하게 굴어?"라며 질책하는 게 2차 가해가 아니면 무엇이겠는가?

연왕燕王에게 죽지 않는 방도를 가르쳐주겠다는 나그네가 있었다. 연왕은 사람을 보내 나그네에게 불로장생술을 배워오게 했다. 그런데 배우던 사람이 미처 다 배우기도 전에 나그네가 죽어버렸다. 연왕은 크게 노하여 배우러 간 사람을 죽였다. 연왕은 나그네가 자신을 속인 줄 모르고 배우러 간 사람이 늦게 가서 그렇게 된 거라고 여긴 것이다.

신뢰는 어떻게 사기가 되는가

무릇 옳지 않은 것을 믿고 죄 없는 신하를 처벌한 것은 상황을 세심하게 살피지 않아 생긴 재앙이다. 게다가 사람에게 자신의 목숨보다 절실하고 중요한 것이 없을진대, 자기 목숨도 구하지 못하면서 어찌 연왕을 불로장생하게 할 수 있겠는가? 〈한비자·외저설좌상 19〉

옛날 황제들은 부귀영화를 누리며 영원히 늙지 않고 장수하기를 바랐는데, 명나라의 연왕도 그러했다. 높은 사람 기대에는 그 기대에 부응하는 사기꾼이 있기 마련이다. 연왕이 불로장생술을 안다는 사기꾼에게 신하를 보냈는데, 불로장생술을 배우기도 전에 그만 사기꾼이 세상을 떠나고 말았다. 화가 난 연왕은 죽은 사람이 사기꾼인지도 모르고 자신이 보냈던 신하를 죽여버렸다. 그가 늦게 가서 일을 그르쳤다고 생각한 것이다.

그래서인지 한비자는 이런 평론을 남겼다.

불가능한 일을 덜컥 믿고 무고한 사람을 죽이기까지 했으니 정녕 본인에게 문제가 있다는 걸 모르는가? 그대 나라에 닥친 불행이 바로 여기에서 비롯된다. 저 자신도 죽음을 피하지 못했는데 어찌 그대에게 불로장생하는 법을 가르친단 말인가? 같은 이치로, 정말 떼돈을 벌 수 있는 사람이면 뭣 하러 길바닥에 앉아 남을 등쳐먹고 살겠는가? 본인 스스로도

해내지 못한 일을 그대가 할 수 있게 도와준다고 하는 사람은 엄청난 호인이 아닌 이상 십중팔구 꿍꿍이가 있다는 걸 알아야 한다.

하지만 뭐니 뭐니 해도 《한비자》에서 가장 유명한 건 '화씨벽和氏璧' 이야기다.

화씨라는 초나라 사람이 초산楚山에서 옥 원석을 얻어 여왕(厲王, 려왕)에게 바쳤다. 여왕이 옥장이를 찾아가 물었다. 옥장이가 말했다. "이건 그냥 돌입니다." 여왕은 화씨가 자신을 속였다고 생각해 그의 왼쪽 다리를 잘라버렸다.

여왕이 죽고 무왕이 즉위하자 화씨가 또다시 왕에게 옥 원석을 바쳤다. 무왕이 옥장이에게 묻자 옥장이가 말했다. "돌입니다." 무왕은 화씨가 자신을 속였다는 생각에 그의 오른 다리도 잘랐다.

무왕이 죽고 문왕이 왕위에 올랐다. 화씨는 초산에서 옥 원석을 끌어안고 사흘 밤낮을 울었다. 그 소식을 들은 문왕이 사람을 시켜 자초지종을 물었다. "세상에 다리 잘린 사람이 한둘이 아닌데 그게 이렇게까지 서럽게 울 일인가?" 그러자 화씨가 말했다. "다리를 잃고 슬퍼서 우는 게 아닙니다. 보석이 분명한데 돌이라 하고 정직한 사람인데 사기꾼이라 하

여 슬픈 것입니다." 그 말에 문왕이 옥장이에게 돌을 다듬게
했는데 감춰져 있던 옥이 모습을 드러냈다. 문왕이 명했다.
"이 옥을 화씨의 옥(화씨벽)이라고 하라." 〈한비자·화씨 1〉

'아무도 몰라본 진품'이 이 이야기의 핵심이다. 이야기의
주인공 화씨가 산속에서 옥을 발견하여 초나라 여왕에게 바쳤
다. 그런데 여왕이 옥을 다듬는 옥장이를 찾아가 물으니 이건
옥이 아니라 돌덩이에 불과하다는 답이 돌아왔다. 화씨가 자
신을 속였다고 생각한 여왕은 그의 왼쪽 다리를 잘랐다. 여왕
이 죽고 그 아들 무왕이 즉위하자 가엾은 화씨가 또 옥을 헌상
했다. 무왕도 어머니처럼 옥장이(여왕 때 그 옥장이와 동일 인물인지
는 모르겠다)를 찾아갔는데 역시나 돌덩이라는 대답을 들었다. 무
왕은 아무래도 네놈이 남은 다리 하나마저 잃고 싶은 게로구나,
하며 화씨의 오른 다리도 없애버렸다. 그렇게 화씨는 두 다리를
모두 잃었다.

무왕이 죽고 문왕이 왕위에 올랐다. 다리는 없지만, 손은
남아 있던 화씨는 처음 옥석을 발견한 초산에서 옥을 안고 사흘
밤낮을 눈물로 지새웠다. 그 소식을 들은 문왕은 (당시 나라가 인
터넷에서 누군가 라이브 방송을 할 만큼 넓지는 않았을 것이다) 사람을 보
내 자초지종을 물었다.

"세상에 다리 잘린 사람이 차고 넘치는데 이게 그리도 서럽

게 울 일인가?"

이 말을 통해 당시 초나라의 형벌이 얼마나 가혹했는지 알수 있다. 이에 화씨는 다리를 잃고 슬퍼서 우는 게 아니라 틀림없는 보석인데 물건을 볼 줄도 모르는 사람이 돌덩이라고 해서 운다고 말했다. 화씨 말의 핵심은 뒷부분에 있다. 정정당당한 초나라 사람으로 더없이 정직한데도 사기꾼 취급을 받아 슬프다는 뜻이었다.

한 옥장이(앞에 나온 그 두 명은 확실히 아니다)에게 옥돌을 다듬게 한 뒤 진짜 옥이 맞다는 걸 알게 된 문왕은 이 옥에 '화씨지벽(和氏之璧, 화씨의 옥)'이라는 이름을 붙였다. 하지만 화씨의 두 다리는 이미 잘리고 없는 데다 충심마저 의심받았으니 이 얼마나 억울하고 원통한 일인가! 자격 미달인 앞의 두 '옥장이'는 과연 처벌받지 않아도 되는 것일까?

"천리마는 항상 있으나 그 천리마를 알아보는 백락이 늘 있는 것은 아니다千里馬常有, 而伯樂不常有"라고 했던 한유韓愈의 말처럼 이는 사기의 사회학이 주는 교훈이기도 하다. 학교, 직장에서 열심히 일했는데 중용되지 않거나 누군가에게 자신이 이룬 공을 빼앗긴 사람들은 화씨처럼 천추의 한이 맺힐 수도 있다.

무엇보다 제대로 물건을 볼 줄 모르는 '전문가(옥장이)'의 생각을 고견으로 받아들일 때 결과는 더 치명적이다. 만약 진위 감정을 업으로 하는 전문가가 돈에 매수되거나 잘못된 판단을

신뢰는 어떻게 사기가 되는가

내리면 진품이 값어치 없는 싸구려 물건으로 전락할 수 있다. 반대로 가짜를 진짜라고 속여 본인 스스로 한몫을 챙길 수도 있다. 그런 의미에서 사기 사건에서는 '전문가'가 핵심적인 역할을 한다고 할 수 있다.

속임수도 전술이다

이제 《손자》를 보자. 사실 나는 《손자병법》 대신 《손자》라고 부르는 걸 선호한다. 그저 이길 생각에 서로 때리고 죽이는 것이 아니라 전쟁을 피하고 평화를 추구하는 것이 손자의 궁극적인 목표이기 때문이다. 〈모공謀攻〉에서 손자는 '온전함全'이 가장 중요한 목적이라고 강조했다.

전쟁하는 방법은 적국을 온전하게 하는 것이 최상이고 파괴하는 것은 차선이다. 여단, 대오, 군졸 등 적국의 군대도 온전하게 두는 것이 최상이며 파괴하는 것은 차선이다. 따라서 백전백승이 최선의 방법이 아니며 싸우지 않고 적을 굴복시키는 것이 최선의 방법이다. 따라서 용병에 능한 사람은 싸우지 않고 적을 굴복시키며, 성을 함락하고 나라를 무너뜨리는 데 장기전을 벌이지 않는다. 반드시 정정당당하게 천하를 다투기 때문에 전력이 무뎌지지 않고 온전히 이익을 얻을 수 있다. 이것이 바로 모공법이다.

'온전함'이라는 큰 목표를 두고 손자는 이렇게 이야기한다.

전쟁이란 속이는 것이다. 그러므로 유능하면서도 무능한 체
하고 방법을 알면서도 쓰지 않는 체하며, 가까우면서도 먼
체하고 멀어도 가까운 체한다. 이로움을 줄 것처럼 해서 유
인하고 혼란을 일으켜 적을 취하며, 충실해도 대비하고 강
하면 피한다. 성나도록 흔들어놓고 몸을 낮춰 교만하게 만
들며, 편안하면 수고롭게 만들고 친하면 이간질시킨다. 그
무방비함을 공격하고 의외의 곳을 친다. 이는 전쟁에 이기
기 위한 계략이니 적에게 먼저 전해지면 안 된다. 〈시계〉

여기서 '무방비함을 공격하고 의외의 곳을 친다攻其無備, 出
其不意'는 것은 상대방이 준비를 다 끝내기 전에 공격하는 것으
로, 언제든 만반의 준비가 되어 있어야 상대방이 공격했을 때
쉽게 무너지지 않는다는 뜻이다. 그런데 손자는 적극적으로 공
격하라고 하지는 않고 잘 수비해야 한다고만 말한다.

그러므로 전쟁은 속임으로써 성립하고 이익으로써 움직이
며 분산과 집합으로써 변화를 일으킨다. 따라서 그 빠름이

바람 같고, 그 고요함이 숲 같고, 그 공격함이 불같고, 그 정지함이 산 같고, 그 알기 어려움이 어둠 같고, 그 움직임이 우레와 벼락 같다. 마을을 침략하여 얻은 것은 그 마을 사람들에게 나누어주고, 땅을 넓혀 이익을 나누고 그곳에서 얻은 정보는 검토한 후 행동하며 먼저 우회의 도를 아는 자가 승리한다. 이것이 전투하는 방법이다. 〈군쟁〉

'전쟁은 속임으로써 성립하고兵以詐立'만 보면 《손자병법》이 속임수를 가르친다는 생각이 들 수 있다. '이익으로 움직이며以利動'는 이득이 되는지 아닌지를 보고 행동해야 한다는 뜻이다. 마지막 부분만 보면 전쟁을 할 때 이런 교활한 마음이 필요하다는 것처럼 느껴질 수 있다. 그런데 글 전체를 보면 그게 손자가 생각하는 최선의 방식이 아니라는 걸 알 수 있다. 전체 뜻과 관계없이 필요한 부분만 떼어 인용하는 '단장취의'를 독서방법으로 추천하지 않는 이유가 바로 여기에 있다.

간첩을 사용함에는 향간, 내간, 반간, 사간, 생간 다섯 가지가 있다. 다섯 가지는 동시에 사용하되 적군이 모르게 해야 한다. 이를 신기神紀라고 하며 군주의 보배다. 향간鄕間이란 적의 고을 사람을 쓰는 것이고 내간內間은 적의 관리를 쓰는 것이며 반간反間은 적의 간첩을 역으로 쓰는 것이다. 사간死

삐이란 죽음을 무릅쓰고 적진으로 들어가 거짓 정보를 유포하는 것이고 생간(生삐)이란 돌아와 보고하는 것이다.

그러므로 삼군(三軍)의 일 중에서도 장수와 간첩처럼 친한 사이가 없고, 상도 간첩에게 제일 많이 주며, 간첩보다 비밀스러운 일은 없다. 현명하고 지혜롭지 못하면 간첩을 쓰지 못하고, 어질고 의롭지 못하면 부리지 못하며, 미묘하지 않으면 실적을 얻지 못한다. 미묘하고 미묘하도다! 간첩을 쓰지 않는 곳이 없구나. 간첩의 기밀이 보고되기 전에 누설되면 간첩과 그 기밀을 들은 사람 모두 죽임을 당한다. 〈용간〉

《손자병법》은 적과 싸울 때 첩보 작전을 펼쳐야 한다고 제안한 최초의 책이기도 하다. 소위 스파이를 써야 한다는 뜻이다. 〈용간〉편을 보면 과거 위성이 없던 시절에는 적의 동태를 알지 못했다. 그런데 위성이 생긴 지금도 우리는 우리 눈에 보이지 않는 정보를 제공하는 스파이에 의존해야 한다. 간첩은 정말 중요하다. 요즘 시대에는 전자 기기 등 과학 기술을 통해 감청할 수는 있지만, 상대편 배신자가 누설한 정보를 활용하는 방법도 여전히 중요하다.

'장수와 간첩처럼 친한 사이가 없고'로 이어지는 구절에서 친한 것은 감정, 상은 경제적 이익을 말한다. '간첩보다 비밀스러운 일은 없다'는 입단속을 철저히 해야 한다는 뜻이다. 요즘으

신뢰는 어떻게 사기가 되는가

로 치면 '비밀 유지 협약'처럼 입을 꾹 닫아야 하는 것이다. 간첩이 비밀을 누설했을 때 아마도 예상되는 결과는 죽음뿐이리라.

'현명하고 지혜롭지 못하면 간첩을 쓰지 못하고非聖智不能用間'는 첩보전이 유능한 인재만 할 수 있는 고도의 지혜가 필요한 일이라는 뜻이고 '어질고 의롭지 못하면 부리지 못하며非仁義不能使間'는 인의가 있지 않으면 누가 목숨을 바쳐 일하겠느냐는 뜻이다. 스파이는 세상 사람 모두가 오해해도 나를 믿어주는 상사가 있고 목숨을 걸고 일했을 때 나를 보증해줄 사람이 있어야 기꺼이 그 일을 감당한다. 뒤이은 구절은 방첩(防諜, 간첩 활동을 막는 일)을 가리키는데 과연 역간첩(이중간첩)이 하는 말을 믿을수 있을까? 반대로 당신이 준 가짜 정보를 상대방 간첩이 믿게 만들어야 할 때도 있기 때문에 방첩은 그만큼 미묘한 작업이다.

《삼국지연의三國志演義》에도 간첩을 활용한 예가 있다. 중국 후한 말의 무장인 주유周瑜는 술에 취한 척하며 일부러 상대편 문신인 장간蔣幹에게 거짓 정보를 흘려 두 장수를 죽게 만들었다. 지금 생각하면 매우 잔인한 이야기다. 만약 당신이 승자편이라면 상대방이 죽어 마땅하다고 여기겠지만, 인도주의적 관점에서 본다면 사실 그들은 무고한 희생자다. 죽어야 할 사람이 아무도 없는데 목숨을 잃은 것이다. '미묘하고 미묘하도다! 간첩을 쓰지 않는 곳이 없구나.' 첩보전이란 참으로 미묘하고 섬세해 말로 형용하기 어렵다.

특수한 상황이나 전쟁 중일 때 이런 사기와 속임수는 높이 평가받았다. 국가의 이익을 우선할 때는 이런 속임수들이 비난거리가 아니지만, 일상생활에서 나타나는 속임수와는 확실히 차이가 있다.

이밖에 정부가 운영하는 웹사이트를 침범하고 국가기밀을 누설하는 등 국익과 연관된 특별한 경우도 있다. 평상시라면 꼬투리를 잡혔을 때 적군이 보낸 첩자라고 오해를 받거나 실형을 선고받을 수도 있다. 그런데 만약 전시戰時라면, 당신이 정부를 대신해 같은 방법으로 적군의 정보를 와해시킨다면 결과는 완전히 달라진다. 사회적 상황에 따라 동일한 행동에 대해 '속임수인지 애국 행위인지' 다른 판단을 내린다는 게 바로 이런 경우다.

수천 년의 역사를 자랑하는 거짓말 레퍼토리

속임수에 관한 이야기를 하려면, 5세기 남북조 시대에 쓰여진 '만인보'《세설신어世說新語》에 나오는 아래 이야기를 반드시 짚고 넘어가야 한다.

진중궁陳仲弓이 태구太丘현 현장이던 시절, 어머니가 아프다며 거짓으로 휴가를 신청한 하급 관리가 있었다. 일이 발각되자 진중궁은 그 관리를 체포하고 옥리에게 그를 사형하라고 명했다. 주부主簿가 이 일을 소송기관에 넘겨 다른 수많은 범죄 사실을 밝혀 달라 청하자 진중궁이 말했다.

"군주를 속이는 건 불충이고 어머니에게 아프라고 하는 저주는 불효다. 세상에 불충과 불효보다 더 큰 죄는 없다. 다른 죄상을 조사해 추궁한다한들 이보다 더한 것이 있겠는가?" 〈정사 1〉

당시 어머니가 편찮으셔서 휴가를 내고 싶다고 거짓말한 관리가 있었다. 뒤늦게 이 사실을 안 상관 진중궁은 그 관리를 처형했다. 주부가 차라리 그 관리를 옥에 가둬 똑같은 수법을 쓴 사람이 얼마나 되는지 보자고 했지만, 진중궁은 군주기만죄는 황제에 대한 불충이며 어머니가 편찮으시다는 거짓말은 아프라고 하는 저주나 마찬가지니 불효라고 말했다. 전통 사회에서 불충과 불효보다 더 큰 죄는 없었다. 상사를 기만하는 행위는 지금도 도덕적으로 용인되지 않는다.

《세설신어》가 담아낸 시대는 지금과 2천 년 정도 차이가 나지만, 요즘도 학교나 회사에서는 할머니가 돌아가셨다느니 어머니가 편찮으시다느니 하는 핑계로 수업을 빠지거나 결근하려는 사람들이 많다. 수천 년간 명맥을 이어온 수법이라는 게 놀라울 따름이다.

명나라 사기 집단의
핵심을 모두 정리하다,《편경騙經》

이어서 최초로 나에게 '사기'에 대한 흥미를 불러일으킨《편경》
이라는 책을 이야기해보겠다.

　　명나라 말기 장응유張應俞는《편경》이라고도 불리는《두편
신서杜騙新書》를 집필했다. 사기 근절 목적으로 쓰인 이 책은 탈
박脫剝편, 주포丟包편, 환은換銀편, 사홍詐哄편, 위교僞交편, 아행
牙行편, 인도引賭편, 노재露財편, 모재도謀財盜편, 도겁盜劫편, 강
창强搶편, 재선在船편, 시사詩詞편, 가은假銀편, 아역衙役편, 혼취
婚娶편, 간정姦情편(요즘 말하는 미인계와 비슷하다), 부인婦人편, 괴
대拐帶편, 매학買學편(가짜 학력), 승도僧道편, 연단煉丹편, 법술法
術편, 인표引嫖편 등 총 24가지 주제를 다룬다. 주제별로 사기에

관한 각양각색 이야기를 모아놓았다.

이를 통해 저자가 본인이 살던 그 시절 혹은 그보다 더 이전 시대의 사기 행각을 관찰하고 기록했다는 걸 알 수 있다. 전체 내용은 크게 사기꾼, 사기 원인, 사기 피해자, 이렇게 세 가지로 정리할 수 있다.

첫째, 사기꾼의 신분에 관해 이야기한다. 사기꾼은 부자나 지체 높은 집안 자제인 공자公子, 고위 관료처럼 사회적 지위가 높은 사람이거나 상인, 승려, 도인, 기녀, 거지 등 사회적 지위가 낮은 사람으로 위장한다. 중국 전통사회에서 상인은 지위가 낮았고, 특히 기녀와 거지는 부도덕한 사람으로 여겨졌다.

둘째, 사기 원인을 보자.《편경》에 따르면 사기 행각이 일어나는 원인은 일단 재물이다. 즉 돈을 벌고 싶은 마음이나 길에서 물건을 줍는 것처럼 공짜를 바라는 게 화근이 된다. 요즘 사람들도 길에서 함부로 홍바오(紅包, 돈이 든 빨간 봉투로 중국에서 경사를 치를 때 주고받는다 - 역주)를 줍지 말라고 배운다. '영혼결혼식'을 시키려는 수법이라 일단 봉투를 주우면 그 즉시 누군가 튀어나와 죽은 딸(혹은 아들)과 결혼하라고 하기 때문이다.

또 다른 원인은 '정욕'이다. 성적으로 유혹해 손을 쓰는 것으로 인류가 거부하기 힘든 약점이다. 수년 전에 어떤 배우가 한 말도 같은 맥락이다. "전 이 세상 모든 남자가 저지를 수 있는 잘못을 저질렀습니다." 아니 왜 본인이 잘못한 걸 가지고 '이 세상 모든 남자'를 공범으로 만드나? 나 참, 어이가 없어서.

'장수'도 사기를 일으키는 원인이다. 불로장생한다는 단약丹藥이나 선약仙藥을 이용한 사기극이 등장하는 이유다. 만약 죽을병에 걸려 절망적인 사람에게 누군가 찾아와 목숨을 건질 의료기술이 있다고 알려주면 당사자는 사는 게 중요하지 돈이 대수냐며 백퍼센트 속아 넘어갈 게 뻔하다.

'도움 요청'도 여러 원인 중 하나다. 어떤 사람이 아이에게 "아저씨 대신 가서 뭐 좀 사다줄래" 하고 부탁하면 아이는 도와 주려는 선한 마음 때문에 속아 넘어가는 것이다.

셋째, 사기 피해자의 신분은 당연히 돈이 많은 사람이다. 거지에게 누가 사기를 치려고 하겠는가? 타이베이에 있는 학교 에 합격하거나 타이베이에 일하러 가는 타지인처럼 시험을 치 르러 상경하는 서생도 사기의 피해자다. 지금이야 인터넷 뱅킹 이나 어플리케이션으로 돈을 주고받아서 현금다발을 들고 다니 는 사람이 없지만, 은행이나 우체국에 안전하게 예금했어도 사 기당하기 쉬운 건 마찬가지다. 특히 셋방을 얻을 때는 어떻게든 사기당할 가능성을 배제할 수 없다.

핵심은 명나라 사람이 사기에 관한 일을 상세하게 정리해 책으로 만든 이후에, 지금까지 사기 행각은 계속되고 있다는 사 실이다. 인류 사회에서 속임수가 없기를 기대하는 건 헛된 희 망일지 모른다. 나는 사기가 완전히 사라지지 않을 거라 믿는

신뢰는 어떻게 사기가 되는가

다. 하지만 그렇다고 너무 비관적이지는 않다. 사기는 인류에게서 흔히 볼 수 있는 현상이기 때문이다. 한낱 사기에 관한 지식에 불과하더라도 그 지식을 통해 사기를 깊이 이해할 수 있다면 쉽게 사기당하는 일은 없을 것이다. 생사를 넘나드는 경우가 아니고서는 절대 남을 속여서는 안 된다고 요구하고 요구받는 수밖에 없다. 하지만 어떤 경우라도 남이 나에게 사기치지 않기를 기대하기는 힘들다.

선의의 거짓말 토론,
《성경》

앞서 중국 역사상 유명한 서적을 알아봤으니, 이제는 서양 고전에서 사기와 거짓말을 어떻게 기록했는지 살펴보자.

서양 고전이라고 하면 《성경》을 빼고 논할 수 없다. 《성경》에도 거짓말에 관한 기록이 있는데 〈신약〉보다 〈구약〉에 더 많다. 《성경》 말고도 거짓말에 대한 아리스토텔레스, 아우구스티누스, 토마스 아퀴나스, 마키아벨리, 칸트의 견해와 논의도 서양 사상사에서 중요하게 다루는 관점인 만큼 간략하게 설명하려고 한다.

〈구약〉의 창세기 3장에서는 유명한 선악과 이야기가 나온다. 뱀은 여자에게 열매를 먹어도 "반드시 죽는 건 아니다"라고 말한다. 서아시아 개척 서사시에서도 "신은 죽지 않는 불멸의 존재이고 인간은 죽는다"는 게 신과 인간의 차이로 나타났고, 서양 신화에서도 그것이 인간과 신을 구분하는 중요한 기준이었다. 그런데 신이 자기 형상대로 사람을 지었다면 사람도 불사不死의 존재라야 하는 게 아닌가?

이 추론대로라면 원래 아담과 하와는 영원히 살 수 있지만, 나무에 달린 열매를 먹으면 죽는다. 그런데 "반드시 죽는 건 아니다"라는 뱀의 애매모호한 말은 열매를 먹어도 죽지 않을 수도 있음을 시사한다. 하지만 그 말은 죽을 수도 있다는 뜻 아닌가? 죽을 수도 있다와 죽지 않는다의 확률은 각각 얼마나 될까? 이는 마치 선생님한테 "제가 이번 학기에 통과할 수 있나요?"라고 물었을 때 선생님이 "꼭 통과하는 것도 아니고 통과하지 못하는 것도 아니야"라고 말하는 것과 같다. 리포트를 잘 쓰면 통과하고 잘 못 쓰면 통과하지 못할 것이니, 그야말로 하나 마나 한 대답이다. 따라서 "반드시 ~한 것은 아니다"처럼 모호한 말은 "죽지 않는다"라는 일방적인 기대감을 심어줄 수 있다.

뱀이 또 말한다. "너희가 그 열매를 먹는 날에 너희 눈이 밝아져 하나님과 같이 되어 선악을 알게 될 줄을 하나님이 아신다." 이를 통해 원래 사람의 눈은 밝지 않고 열매를 먹기 전까지는 선악의 문제도 없다고 추론할 수 있다. 이는 신학에서 논란의 여지가 많은 부분이다.

나중에 신이 따져 묻자 남자는 잘못을 여자 탓으로 돌린다. 그러자 여자가 "뱀이 꼬드겨서 먹었다"고 말한다. 그렇다면 남자는 잘못이 없는가? 누군가 당신에게 먹으라고 했어도 본인 스스로 먹을지 안 먹을지 선택할 수 있다. 이것이 바로 당신의 자유의지다. 그 사람이 당신 목에 칼을 들이밀면서 먹으라고 했는가? 지금 우리라면 여자의 말을 듣고 본인이 먹고 싶었으면서 남에게 잘못을 덮어씌운다는 생각이 들 것이다. 이후 하나님의 저주로 뱀은 다리를 잃었다. 그리고 하나님은 뱀에게 평생 흙을 먹고 살라고 말한다. 요즘 유행하는 '츠투(吃土, 흙을 먹는다는 뜻으로 돈이 부족하다는 신조어 - 역주)'는 사실 성경과 관련 있는 말이다.

그럼 이 이야기에서는 누가 누구를 속였을까? 본래 여호와는 "너희가 죽지 않도록 먹지도 만지지도 말라"고 했지만, 결과적으로 인간은 열매를 먹은 후에도 당장 죽지 않았다. 굳이 해석을 해보자면 여기에서 말하는 '죽음'은 '영생'할 수 없다는 의미다.

이는 〈창세기〉 이야기에 거짓말이 있는가? 인간이 신을 속였는가? 아내가 먹으라고 해서 먹었다고 한 아담의 말은 거짓인가? 뱀의 말을 따랐다는 여자의 말은 책임을 전가한 것뿐이다. 그렇다면 누가 거짓말을 했는가? 반드시 죽는 건 아니라던 뱀의 모호한 말은 거짓일까?' 등의 논란을 낳는다.

또한 '뱀은 어디에서 왔는가? 신이 창조했을까? 아니면 뱀

신뢰는 어떻게 사기가 되는가

은 추락한 천사일까? 에덴동산을 만들 때 뱀이 거기 있는 걸 왜 알아채지 못했을까? 애초부터 아예 뱀이 없었다면 두 사람이 유혹에 빠지지 않았을까?' 등등 여러 가지로 생각하고 논의할 거리가 많다.

그리고 《성경》에 보면 솔직해서 목숨이 위태로울 때 뱀처럼 지혜롭게 대처해야 한다는 기록도 있다.

> 보라 내가 너희를 보냄이 양을 이리 가운데로 보냄과 같도
> 다. 그러므로 너희는 뱀같이 지혜롭고 비둘기같이 순결하
> 라. 〈마태복음〉 10장 16절

거짓말에 관한 《성경》 이야기의 핵심은 신이 거짓말을 하라고 주장하는 건 아니지만, 특별한 경우나 다른 사람의 목숨을 구하기 위해서라면 대처할 수 있다는 것이다. 사회학 관점에서 사기를 논의할 때도 이런 식으로 생각해볼 수 있다. 만약 개인의 이익이 아닌 더 큰 이익을 위해, 특수한 상황이거나 다른 선택의 여지가 없어서 어쩔 수 없이 저지른 사기라면, 사람들은 과연 이 거짓말을 용서하고 받아들일 수 있을까?

사기에 관한 철학적 사유:
아리스토텔레스에서 마키아벨리까지

서양 철학에서도 사기와 거짓말에 관한 논의가 일찍부터 존재했다. 추측과 추론을 잘하는 철학자들은 사기를 어떻게 바라볼까? 거짓말과 진실의 개념을 어떻게 정의하는지 살펴보는 작업도 사고력 훈련에 도움이 된다.

　　고대 그리스 철학자 아리스토텔레스는 《니코마코스 윤리학 Ethika Nikomacheia》에서 인간을 세 부류로 나눈다. 먼저 진실한 사람으로, 이 사람이 가장 훌륭하다. 다음은 스스로 뽐내는 사람으로, 이들은 실제보다 본인을 과대평가한다. 마지막은 스스로 낮추는 사람으로, 이들은 실제보다 본인을 과소평가하는데 이는 중국인이 말하는 겸손이기도 하다.

통상적으로 허풍쟁이boaster는 자신에게 칭찬할 자질이 있는 것처럼 과시하는데 실제로는 그런 자질이 전혀 없거나 떠벌린 것보다 오히려 자질이 부족하다. 자신을 과소평가하는 사람self-depreciator은 실제로 괜찮은 자질을 갖췄으면서도 자질이 없다거나 실제보다 자질이 부족한 것처럼 행동한다. 적당한 자질을 갖춘 사람은 솔직하다. 말이든 행동이든 있는 그대로 사실에 기반하며 과장하거나 축소하지 않는다… 본질적으로 위선은 비난할 만하고 진실은 고상(고귀)하며 칭찬받을 만하다. 적당한 자질을 갖추고 진실한 사람은 모두 칭찬할 만하다. 위선적인 사람, 특히 허풍쟁이는 비난할 만하다.

사람을 허풍쟁이로 만드는 건 능력이 부족해서가 아니라 자기가 선택한 결과다. 사람은 허풍을 떠는 자질을 갖춰야 허풍쟁이인 것이다. 이는 마치 거짓말을 좋아해서 하는 사람도 있고 명예나 이익을 얻기 위해 거짓말을 하는 사람도 있는 것과 같은 이치다.

진실한 사람과 대척점에 있는 건 허풍쟁이인 것 같다. 왜냐하면 자기과시boastfulness가 자기비하self-depreciation보다 더 나쁜 자질이기 때문이다.

여기에서 자기과시와 자기비하는 공자가 말한 과여불급過

與不及이다. 지나친 것은 미치지 못하는 것과 같다는 뜻이다. 공자는 자기과시와 자기비하 둘 다 안 좋게 여기지만, 아리스토텔레스는 둘을 굳이 비교하자면 자기과시가 더 나쁘다고 본다. 아리스토텔레스가 강조하는 '메소테스(Mesotes, 적당한 자질)'는 유교의 '중용中庸'과 같다.

아우구스티누스
"거짓말은 어리석은 자기기만일 뿐"

다음으로 소개할 철학가는 서양 기독교사에서 매우 중요한 인물인 아우구스티누스Aurelius Augustine다. 사실 그는 젊었을 때 방탕하게 생활하던 비非기독교인이었는데 나중에 천주교를 믿었다. 아우구스티누스가 쓴 유명한 《고백록Confessiones》에 〈거짓말에 관하여De mendacio, On lying〉라는 글이 있다. 그중 제25절에서 거짓말을 여덟 가지로 분류했다. 그리고 제42절에 같은 내용을 한 번 더 반복하며 "성경에 모든 증거가 분명하게 드러났으니 우리는 절대 거짓말을 하면 안 된다"라는 메시지를 확실하게 보여준다.

생사가 걸려 있으면 '지혜롭게 대처'할 수 있다고 앞서 언급한 내용들과 다르게 아우구스티누스는 절대적인 표현을 사용한다. 아우구스티누스가 거짓말을 여덟 가지로 분류한 내용을 보니 내용(교리의 정확성 여부), 결과(사람에게 유익한지 유해한지, 신체적 모독), 동기(거짓말과 남을 속이려는 욕망, 남의 환심을 사려는 욕망, 남을 돕는 것)를 원칙으로 분류한 것처럼 보인다.

거짓말의 여덟 가지 분류는 다음과 같다.

첫째, "가장 먼저 피해야 할 것은 큰 거짓말, 즉 신앙 교리에서 말하는 거짓말이다. 이런 거짓말에 빠지지 않도록 최대한 노력해야 한다."

둘째, "부당하게 어떤 사람을 다치게 하는, 즉 누구에게도 이롭지 않고 어떤 사람에게는 해로운 거짓말이다."

셋째, "누군가에게는 이롭지만 동시에 신체적 모독이 아닌 남에게 피해를 주는 거짓말이다."

넷째, "단순한 거짓말과 사람을 속이려는 욕망에서 비롯한 거짓말은 순수한 거짓말이다."

다섯째, "상대방을 기분 좋게 하는 대화로 환심을 사려는 욕망에서 비롯한 거짓말이다. 이런 거짓말은 어떤 식으로든 철저하게 배제하고 피해야 한다." 예를 들어 누가 이런 말을 했다고 하자. "쑨 선생님, 어째 갈수록 젊어지시네요!", "쑨 선생님, 살 빠지셨어요!" 이런 말은 듣는 사람을 기쁘게 하지만 결코 사실이 아니다. 내 체중계 눈금만큼은 썩 다른 결과를 보여주니 말이다.

여섯째, "누구도 해치지 않으면서 누군가에게는 도움이 되는 거짓말이다. 예를 들면 어떤 사람이 자기 돈을 도둑맞지 않으려고 숨겨두었다. 그리고 그 숨겨둔 장소를 아는 사람이 누구의 질문에도 모른다고 대답하는 것이다."

일곱째, "판사가 소환해서 묻는 경우가 아닌 한 누구에게도 해롭지 않고 어떤 사람들에게는 유익하기도 한 거짓말이다. 체포되면 사형되는 사람을 팔아넘기고 싶지 않을 때는 거짓말을 해야 한다. 그 대상이 무고한 의인이든 범죄자든 마찬가지다. 기독교 율법에 따르면 사람이 잘못을 바로잡을 수 있는 길을 차단해서도, 잘못을 뉘우칠 수 있는 길을 가로막아서도 안 되기 때문이며… 남자든 여자든 용감하고 성실하며 믿을 수 있는 사람은 이 두 가지 경우에 해당하는 거짓말을 피해야 한다." 예를 들어 친구를 구하기 위해 거짓말한 죄는 가벼운 편이다. 이와 비슷한 예시에 대해 칸트는 어떻게 생각하는지 뒤에서 살펴보기로 하자.

여덟째, "아무도 해치지 않으면서 동시에 적어도 우리가 앞에서 언급한 신체적 모욕을 당하지 않도록 누군가를 보호하는 데 도움이 되는 거짓말이다."

아우구스티누스는 또 이렇게 말했다.

이 여덟 가지 거짓말을 보면 뒤로 갈수록 죄가 가볍고 앞으로 갈수록 죄가 무겁다. 하지만 세상에 죄가 아닌 거짓말이 있다고 생각하는 것은 남을 속여도 스스로를 정직하다고 여기는 어리석은 자기기만이다.

이는 중국 고전인 《예기 · 중용禮記 · 中庸》에서 말한 '신독愼獨'과 비슷하다. 신독은 홀로 있을 때도 도리에 어긋나지 않게 행동하는 것이다.

> 군자는 보이지 않는 것도 경계하고 삼가며 들리지 않는 것
> 도 두려워한다. 숨겨진 것보다 더 잘 드러나는 것은 없으며
> 작은 것보다 더 잘 나타나는 것은 없다. 그러니 군자는 홀로
> 있을 때 삼가야 하는 것이다.

즉 군자는 보고 듣는 사람이 아무도 없는 곳에서도 자신의 행동거지를 조심해야 한다는 뜻으로, 이는 《대학大學》에서 말하는 성의물자기(誠意勿自欺, 진심이란 자신을 속이지 않는 것)의 '신독'이기도 하다.

토마스 아퀴나스
"거짓말은 항상 죄인가"

중세 시대 신학자이자 철학자 토마스 아퀴나스는 《신학대전Summa Theologiae》 제2부 110문에서 '진실과 반대되는 악습'을

논한다. 그는 '진실에 반대되는 것'을 '거짓말'이라고 일컫는데, 총 4개 절의 각 절마다 질의, 반론, 정답, 의혹 해소로 나눠 논의를 전개한다.

제1절. 거짓말은 거짓을 포함하기 때문에 항상 진실과 반대되는가.
제2절. 각종 거짓말을 논하다.
제3절. 거짓말은 항상 죄인가.
제4절. 거짓말은 항상 죽을죄인가.

《성경》에 나오는 거짓말에는 선의의 거짓말도 있고 위험한 상황에서 임기응변으로 나온 거짓말도 있다. 그런 의미에서 신학자이자 철학자인 토마스 아퀴나스가 제3절 '거짓말은 항상 죄인가'에서 제시한 관점은 주목할 만하다.

질의: 거의 모든 거짓말이 다 죄는 아닌 것 같다. 〔아래 여섯 가지 이유〕 때문이다.
반론: 〈집회서(Ecclesiasticus, 구약성서 외경 중 한 권으로 외경 중에 가장 내용이 방대하며 초대 교회 사람들이 애독한 문서)〉 제7장 제14절에는 '어떤 거짓말도 하면 안 된다'라고 나온다.

정답: 내 대답은 이러하다. 본래 거짓말은 그 자체로 악한 것이라 선한 일이 될 수 없다. 모든 면에서 올바른 경우에만 선하다고 할 수 있기 때문이다. '선은 빈틈없이 골고루 다 선해야지 하나라도 악하면 악한 게 된다'라고 했기 때문이다. 이는 위 디오니시우스Pope Dionysius가 《신명론(神名論, De divinis nominibus)》 제4장에서 말한 것과 같다. 하지만 거짓말은 본질적으로 악하다. 거짓말하는 행동이 부당한 소재나 대상과 관련되어 있기 때문이다. 본래 언어란 이성의 자연적인 표시라서 내 생각이 아닌 것을 언어로 나타내면 자연과 반대되는 부당한 일이 된다. 이런 이유로 스피노자는 《에티카Ethica in Ordine Geometrico Demonstrata》 4권 제7장에 이렇게 적었다. '거짓말은 본래 악한 일이라 피해야 한다. 반면 진실은 선한 일이라 칭찬할 만하다.' 따라서 모든 거짓말은 죄다. 이는 아우구스티누스가 〈거짓말에 반하여Contra Mendacium, Against Lying〉 제1장과 제21장에서 언급한 내용이기도 하다.

'거짓말은 항상 죄인가'라는 의혹을 해소하는 부분은 내용이 길어 간단하게 두 가지만 열거하겠다.

의혹 해소: 1. 복음이나 성경의 정경(canon, 유대교와 기독교에서 신앙 규범이 되는 내용을 기술한 문헌)에 거짓된 표현이 포함되어 있다거나 성경 저자가 진실이 아닌 것을 적었다고 생각하면 안 된다. 그러므로 신앙에서 성경에 기초한 확실성이 걸여되고 다른 방식으로 누군가의 말을 기술하는 것은 거짓말이 아니다. 따라서 아우구스티누스는 《복음서들의 공통적 가르침De Consensus Evangelist》 2권 제12장에서 말했다. '진리를 알기 위해서는 어떤 말로 설명하든 내포된 의미를 이해해야 한다. 이 점을 분명하게 이해하는 사람은 결코 어렵다고 느끼지 않을 것이다.' 훗날 그는 이렇게 덧붙였다. '따라서 몇몇 사람이 자기가 보고 들은 것을 추억할 때 같은 일을 같은 방식과 같은 문장으로 서술하지 않는다고 해서 그중 누군가가 거짓말을 하고 있다는 결론을 내릴 수 없다.

여기에서 '다른 방식으로 누군가의 말을 기술하는 것'은 이른바 '은폐'다. 은폐는 거짓말처럼 그렇게 심각한 건 아니고 남의 체면을 지켜주거나 실수를 기억하기 위한 목적일 수 있기 때문에 '사기'라고 하기에는 지나친 감이 있다.

의혹 해소: 5. 약속한 사람이 약속을 이행할 의지를 보인다면 거짓말이 아니다. 자기 생각이나 기분대로 말하지 않았

기 때문이다. 그런데 만약 그가 자신이 한 약속을 이행하지 않는다면 생각이 바뀌어서 그랬을 것이다. 하지만 그는 신용을 지킬 필요가 없는 두 가지 이유가 있다. 첫째, 그가 약속한 일이 해서는 안 되는 일이기 때문이다. 그가 약속한 순간에 이미 죄를 지은 거나 마찬가지라서 마음을 고쳐먹은 게 오히려 옳은 선택인 것이다.

둘째, 사람이나 사물의 상황이 변했기 때문이다. 고대 로마 철학자 세네카가 《시혜施惠를 논하다De beneficis》 4권 제35장에서 말한 것처럼, 사람이 책임감 있게 약속을 이행하게 하려면 반드시 모든 정황이 원상태를 유지하고 변하면 안 된다. 상황이 변했다면, 약속을 지키지 못하더라도 그것은 거짓말이 아니다. 왜냐하면 약속한 내용은 당시 그가 마음속으로 생각했던 상황을 전제로 한 것이기 때문이다. 여기에는 약속한 사람이 사전에 이미 다양한 상황을 두루 살폈다는 전제가 깔려 있다. 또 그는 약속을 이행하지 않아도 신용을 잃지 않는다. 왜냐하면 같은 상황이 더 이상 존재하지 않기 때문이다. 따라서 사도 바울이 약속대로 고린도에 가지는 않았지만 〈고린도후서〉 제1장 15절과 23절에 기록된 것처럼 거짓말을 한 것도 아니었다. 도중에 그가 약속을 이행하지 못하게 방해하는 일이 생겼기 때문이다.

이는 마치 연인 사이가 좋을 때는 영원한 사랑을 맹세하지만, 헤어지면 똑같은 상황은 더 이상 존재하지 않고 사랑의 맹세도 의미를 잃는 상황과 같다. 하지만 약속할 당시에 그 맹세는 거짓말이 아니었다. 다만 어느 한쪽의 마음이 돌아선 것처럼 '당시의 조건'이 변한 것뿐이다.

철학적 탐구에서 아퀴나스의 논증은 앞에 나온 아리스토텔레스, 아우구스티누스보다 더 세밀하고 깊이가 있다. 그가 인용한 선인들의 책을 통해 사상사의 연관성을 볼 수 있고, 기독교 전통에서 '거짓말'을 탐구한 사상의 발전 맥락을 볼 수 있다. 복잡함과 치밀함은 아퀴나스의 특징이며 중세 유럽 신학의 절정을 보여준다.

마키아벨리
"때로는 사자처럼, 때로는 여우처럼"

이어서 살펴볼 내용은 그 이름도 유명한 마키아벨리의 《군주론》이다.

보통 마키아벨리나 '마키아벨리주의machiavellianism'라고 하면 '목적을 달성하기 위해 수단과 방법을 가리지 않는다', 음험하고 간교하다는 식으로 거칠게 표현한다. 그런데 책을 보면 사실 그런 의미가 아닌 내용도 많다.

제18장 〈군주가 신용을 지키는 방법〉을 보자.

군주가 자신의 약속을 지키고 남을 속이지 않으며 정직하게 사는 것이 얼마나 칭송받을 일인지는 모든 사람이 다 안다. 하지만 지금 시대를 돌아보면 공을 세워 이름을 날린 군주들이 하나같이 약속을 대수롭지 않게 생각하고 교활한 수법으로 사람들을 우롱하는 데 능숙하며 이런 식으로 신의를 지키는 사람들을 제압했다는 걸 알 수 있다.

그러므로 싸울 수 있는 방법은 두 가지다. 하나는 법을 이용하는 것이고 다른 하나는 무력을 사용하는 것이다. 첫 번째 방법은 사람에게, 두 번째 방법은 짐승한테 쓰기 적합하다. 그러나 첫 번째 방법만으로는 다양한 상황을 감당하기에 충분하지 않아서 두 번째 방법이 필요하다. 따라서 군주는 인간과 짐승의 전투 방식을 적절히 번갈아가며 사용할 줄 알아야 한다.

야수의 본성을 교묘하게 감춰 위대한 거짓말쟁이와 위선적인 군주가 되는 법을 아는 것이 제일 중요하다. 인간은 단순해서 당장 눈앞에 필요한 것만 생각하기 때문에 사기꾼들은 언제나 자신에게 기꺼이 속아주는 사람들을 찾을 수 있다.

이는 실용주의이며 "야수의 본성을 교묘하게 감추는 것"은 상사를 도와 잘못한 일을 해명하거나 남의 이목을 현혹해서 다른 곳으로 시선을 돌리며 여론을 조작하는 것과 같다.

군주가 앞에서 좋다고 언급한 모든 특성을 다 갖춰야 하는 건 아니지만 마치 다 갖추고 있는 것처럼 보이는 건 반드시 필요하다. 과감하게 이렇게도 말할 수 있다. 군주가 그런 특성들을 갖추고 언제 어디서든 몸소 실천하면 본인에게는 분명 해롭겠지만, 반대로 사람들에게는 군주가 모든 특성을 갖췄다는 것이 매우 쓸모 있다는 인식을 심어줄 것이다. 예를 들어 군주가 자비롭고 믿음직하며 정직하고 인간적이면서 경건한 신앙도 있고 솔선수범할 거라고 사람들이 믿게 만드는 것이다. 군주는 일단 마음의 준비를 하고 계획을 바꿔 어떻게 해야 할지를 알고 있어야 한다.

그리고 모든 군주가 그러하지만, 특히 새로운 군주는 사람들이 그게 전부 군주의 특성이라고 말할 수 있을 정도로 모든 걸 다 실현하는 게 불가능하다는 걸 알아야 한다. 왜냐하면 정권을 유지하기 위해 군주는 신의를 저버리고 경우에 어긋나는 일이나 종교와 신앙에 위배되는 일을 해야 할 때가 많기 때문이다. 군주는 언제든 운명의 방향과 형세 변화에 수시로 적응할 수 있도록 마음의 준비를 해야 한다. 앞에서 언급했듯이 가능하면 올바른 성품을 지녀야 하지만, 필

신뢰는 어떻게 사기가 되는가

요할 경우에는 나쁜 짓을 저지르는 법도 알고 있어야 한다.

군주가 꼭 알아야 하는 건 아니지만 알고 있는 것처럼 이미지를 만들고 부각시켜야 한다는 분석인데, 이걸 요즘 말로 하면 '이미지 메이킹'이다. 인플루언서, 정치인, 스타의 이미지는 전부 이런 식으로 만들어진 것이다. 그래서인지 마키아벨리의 말은 그의 어두운 면과 밝은 면이 모두 담긴 것처럼 음험하게 들릴 때가 있다.

뒤의 내용은 선을 행할 때는 선함을 드러내고 모질어야 할 때는 모질어야 한다는 의미다. 비슷하게 유가儒家에서도 대부분 경우에는 정도를 지키는 게 원칙이나 특수한 상황에서는 '권변 權變', 즉 임기응변을 할 수 있어야 한다는 견해가 있다. 《역경》에서는 "진퇴와 존망에 그 바름을 잃지 않는 자는 성인뿐이로다!知進退存亡而不失其正者,唯聖人乎!"라고 했고,《춘추공양전春秋公羊傳》에서도 '권변'에 대해 언급했다.

유가의 최고 기준은 권변이지만 핵심은 예의범절을 지키고 정도를 벗어나지 않는 것이다. 선善을 마지노선으로 하며 스스로 낮출 수는 있어도 남을 해치거나 죽는 건 불가하다는 것이다. 마키아벨리도 정(正, 올바른 것)과 사(邪, 나쁜 것)를 같이 사용하라고 말했지만, 이 두 가지가 서로 충돌하면 어떻게 해야 하는지에 대해서는 명시하지 않은 까닭에 후대 사람이 책을 오독

하는 사태가 벌어졌다. 다음은 마키아벨리가 사자와 여우에 대해 이야기하는 단락이다.

군주는 짐승의 습성을 활용할 줄 알아야 하는 만큼 본받을 대상으로 여우와 사자를 선택해야 한다. 사자는 함정을 피할 수 없고 여우는 늑대에게서 스스로를 보호할 수 없다. 따라서 함정인지 아닌지 분간하려면 여우처럼 굴어야 하고 늑대를 놀라게 하려면 사자처럼 굴어야 한다. 사자의 습성만 본받는 사람은 그 속에 담긴 이치를 이해하지 못한다. 따라서 현명한 군주라면 자신의 이익에 반하거나 애초에 약속했던 이유가 사라졌을 때 약속을 지킬 수도 없고 지켜서도 안 된다. 만약 모든 인간이 선하다면 이런 교훈은 소용이 없겠지만, 인간은 천성이 악해서 군주에게 한 약속을 지키지 않을 것이기 때문에 군주도 그들에게 한 약속을 지킬 필요가 없는 것이다.

군주가 신의를 저버린 자신의 행동을 그럴싸하게 꾸미기 위해 정당한 이유들을 얼마든지 찾아낼 수 있다는 사실을 증명하는 예는 무수히 많다. 겉과 속이 다른 군주들로 인해 얼마나 많은 협정과 약속이 파기되고 무효화되었는지만 보아도 능히 짐작할 수 있다. 여우의 기질을 가장 잘 본받은 군주가 언제나 가장 큰 성공을 거두었다.

신뢰는 어떻게 사기가 되는가

또 마키아벨리는 사자와 여우의 방식을 번갈아가며 사용할 수 있다고 여겼다. 물론 모든 사람이 선하다면 이 방법은 쓸모없을 것이다. 하지만 인간은 타고난 성품이 악하기 때문에 상대가 신의를 저버리면 당신도 신의를 지킬 필요가 없다. "네가 잘못해서 생긴 일이니 나를 나쁘다고 원망하지 말라"는 말은 수많은 사기꾼이 주야장천 밀어붙이는 레퍼토리이기도 하다. 이는 받은 대로 돌려준다는 '이에는 이, 눈에는 눈'을 의미하는 것이지 '원수에게 덕을 베푸는' 포용력을 말하는 게 아니다.

이어서 제19장 〈어떻게 경멸과 증오를 피하는가〉를 살펴보자.

앞에서 언급했듯이 군주가 정권을 유지하려면 어쩔 수 없이
이상을 포기해야 할 때도 있다.

포기해서는 안 될 때 포기하면 안 되고 포기해야 할 때는 포기하며 적절한 시기인지 살펴보라는 뜻이다. 이런 이유로 많은 사람이 마키아벨리 책을 음모가의 성경이라고 간주했지만, 사실은 음모가 아니다. 마키아벨리는 평상시에는 도덕을 지키고 비상시에만 도덕에 반한 행동을 할 수 있다고 군주에게 가르쳤다. 융통성도 없이 어떤 상황에서든 무조건 도덕을 지키라고 한 건 아니었다.

정리하자면, 마키아벨리는 정치 지도자들에게 단순히 정직

한 사람이 되라고만 한 것이 아니라 양쪽 상황을 모두 고려해서 시기에 맞게 적절한 방법을 취해야 한다고 주장했다. 혹시라도 마키아벨리가 지도자는 사리사욕을 채우고 수단과 방법을 가리지 말아야 한다고 주장한 것으로 생각했다면 크나큰 오산이다. 그에게선 무엇보다 '시기'를 판단하는 것이 핵심이다.

칸트
"진실은 절대적인 것"

철학계에는 독일의 저명한 철학자 칸트가 말한 아주 유명한 예제가 있다. 자신을 죽이려는 사람에게 쫓겨 당신 집에 찾아온 친구가 있다고 하자. 친구를 살해하러 온 사람이 문을 두드리며 친구가 안에 있느냐고 물으면 당신은 어떻게 대답하겠는가? 칸트의 견해는 다음과 같다.

> 좋은 뜻으로 거짓말을 했어도 우연(casus, 사건이나 일어난 일) 때문에 민법에 따라 처벌받을 수 있다. 단지 우연 때문에 처벌을 피한 경우에도 외부 법률에 따라 의롭지 못하다는 판정을 받을 수 있다. 다시 말해 한 번의 거짓말로 살해하려는 사람의 행동을 막았다면, 이로 인해 발생할 수 있는 모든 법률상의 책임을 져야 한다는 뜻이다. 하지만 당신이 솔직하

게 대답한다고 해서 공공의 정의가 당신을 나무랄 수는 없다. 어떤 예상치 못한 결과가 발생하더라도 말이다. 친구가 집에 있는지 없는지 묻는 추격자의 질문에 당신이 솔직하게 '그렇다'라고 대답했는데 그 후 친구가 살인범 눈에 띄지 않고 집에서 빠져나가 살인이 일어나지 않는 상황도 발생할 수 있다. 그런데 친구가 집에 없다고 거짓말을 하고 (비록 당신은 모르지만) 그 사이 친구가 집을 나갔다가 살인범을 만나 살해되었다면, 당신은 친구를 죽게 한 가해자로서 기소당할 이유가 있다. 만약 당신이 사실대로 말했다면 살인범은 집에서 자신의 적(친구)을 찾다가 지나가던 이웃들의 공격을 받아 살인에 실패했을지도 모르기 때문이다.

따라서 거짓말을 하면 당시 그가 얼마나 좋은 뜻에서 거짓말을 했는지와 상관없이 그 거짓말로 발생한 결과에 대해 책임을 져야 하며, 심지어 민사법원에서도 처벌받는 경우가 있다. 사건의 결과가 얼마나 예측 가능한지는 중요하지 않다. 왜냐하면 진실은 계약으로 인해 생길 수 있는 모든 의무의 기본 바탕이라 약간의 예외만 허용해도 그 법칙이 흔들리고 무효가 되기 때문이다.

이야기의 핵심은 당신의 거짓말이 살인을 막아 한 사람을 살릴 수 있다는 것이다. 만약 아우구스티누스와 아퀴나스의 이론을 따른다면 다른 사람의 이익을 위해 한 거짓말은 죗값이 가볍고, 솔직함 때문에 다른 사람이 피해를 입는 경우도 상황에 따라 용납되고 용서받을 수 있다. 그런데 칸트는 거짓말로 발생한 결과에 대해 당신이 법적 책임을 져야 한다고 말한다. 거짓말로 한 사람의 목숨은 구했지만, 그로 인해 아무 상관도 없는 무고한 사람들이 죽은 경우가 그 예다.

그런데 나는 칸트의 논리가 억지스럽다고 생각한다. 왜냐하면 그가 든 예시들을 보면 여러 상황이 일어날 가능성이 있는데도 칸트 본인의 이론에 가장 유리한 상황만 골라 서술했기 때문이다. 따라서 이것만으로는 칸트의 견해를 납득하기 어렵다.

> 사람에게는 누구나 법적 권한뿐만 아니라 솔직하게 진술할 엄격한 의무도 있다. 설령 그런 솔직함이 자기 자신이나 타인을 해칠 수 있다고 해도 말이다. 따라서 솔직함이 어려움에 처한 사람을 다치게 한 것은 그 사람의 솔직함 때문이 아니라 우연의 결과다. 진실이 무조건적인 의무라면 솔직할지 말지는 자유롭게 선택할 수 있는 문제가 아니기 때문이다.

이 단락은 설령 자신이나 다른 사람이 다치더라도 '무조건 진실해야 한다'는 뜻이다. 또 칸트는 진실이 자유롭게 선택하는 문제가 아니라 의무라고 말했다. 이는 마치 권위주의 국가가

'정부를 속이는 것은 반정부 행위'라며 국민의 사생활 보호권과 묵비권 등을 무시하는 발언처럼 들린다.

나는 진실이라는 원칙 아래 사람들이 여러 특수한 상황과 조건에 부딪힌다고 생각하지만, 칸트는 조건 없이 무조건 진실해야 한다는 견해다. 철학을 공부하는 사람에게 칸트는 피할 수 없는 인물이지만 나는 개인적으로 칸트와 친해지고 싶지는 않다.

이번 장을 시작하면서 인류 역사는 어쩌면 사기의 역사일지도 모른다고 말했다. 다소 과장해서 말하기는 했지만, 여러 동서양의 고전, 특히 명나라 시대의 《편경》에서 다양한 속임수를 상세하게 기록한 걸 보니 남을 속이는 일이 수천 년간 이어져왔다는 걸 알 수 있었다. 생활 조건과 경제적 상황이 열악하고 과학기술이 발달하지 않은 시대라고 해서 사기꾼이나 거짓말이 없었던 건 아니라는 얘기다. 물론 사기가 상대적으로 적을 수는 있다. 속이는 방법도 마찬가지다. 따라서 형식만 다를 뿐 내용은 똑같다고 말해서는 안 된다.

예나 지금이나 사기를 당하고 안 당하고는 그 사람이 멍청한지 아닌지에 달린 게 아니다. 지인 중에 누가 사기를 당했다는 말을 들으면 대부분 이렇게 말한다. "왜 그렇게 멍청해?" 하지만 정말 멍청해서 속은 게 아니다. 그가 사람을 믿었기 때문이다. 만약 남을 믿지 않는다면 사기는 근절할 수 있을지 몰라도 사회는 존재할 수 없다. 이것이 바로 사회라는 공동체의 역설적이고 모순된 부분이다.

지금까지 사기와 관련한 인류 역사 지식을 훑어보았는데, 부디 우리 같은 일반인이 사기를 깊이 이해하고 스스로 사기당할 위험을 낮출 수 있기를 바란다. 나는 잘 속는 편이라 쉽지는 않겠지만, 사기를 연구하는 사람으로서 나부터 솔선해서 사기로부터 멀어지도록 노력해야겠다.

2장

아무도 믿지 않으면
속지 않을까?

"속임수는 불완전한 관계인 유기체들 사이에서

일어난다고 예측할 수 있다."

데이비드 니베르그

우리는 매일 뉴스를 통해 각양각색의 사기 사건을 접한다. 작게는 길거리에서 차비가 없다고 돈을 빌리는 것부터 크게는 종교, 정치, 경제 등 모든 분야를 포괄한다. 사기꾼은 당신의 숨은 욕망을 꿰뚫어보거나 당신의 잠재된 선의와 사랑에 기댄다. 가족의 병원비를 마련한다며 절박한 심정을 이용하는 등 사기꾼들의 수법도 가지각색이다. 우리는 이런 수법들을 통해 사기 정황이나 유형을 정리할 수 있다.

그런데 '사기'를 논하려면 '믿음'에서 출발해야 한다. 선과 악, 똑똑함과 어리석음처럼 사기와 믿음도 상대적이다. 사기꾼에게는 사기를 치기 전에 먼저 상대가 자신을 믿게 만들 방법이 있어야 한다. 그리고 사기 상황은 연극과 다를 게 없다. 연기를 잘하면 신뢰가 쌓이고 상대를 속일 수 있다.

자신은 똑똑해서 속지 않을 거라고 생각하는 사람이 많은데, 사실 그건 오산이다. 타이밍과 방식이 맞아떨어지기만 하면 누구라도 사기당할 수 있다. 당신을 속인 사람이 '아무나 하나 걸려라' 하는 심정으로 던진 돌에 하필 당신이 맞을 수도 있는 것이다.

신뢰는 어떻게 사기가 되는가

속이는 것만 사기가 아니다: 사기의 정의

우리는 1장을 시작하면서 '사기'를 정의했다. 사기는 거짓말이 아니라 의도, 행동, 상황, 결과를 포함하는 심리상태나 행동일 수 있다고 말이다. 사기는 '일련의 과정'이며 다음 네 가지 요소를 전부 갖춰야만 사기라고 정의할 수 있다.

의도

의도는 곧 동기다. 동기에는 선악 구분이 있는데 이기적, 이타적, 무해함, 오락적, 고의성 여부 등을 포함한다. 이런 요소들은 사기에 대한 우리의 도덕적 기준과 평가에 영향을 미친다.

물론 사기 의도는 이기적인 경우가 대부분이고 이타적인 경우는 드물다. 사기당하는 사람도 돈을 더 벌고 싶다는 이기심 때문에 속는 것이다.

무해한 의도는 큰 피해가 없다는 뜻이다. 가족에게 사고가 생겼다며 학생이 수업에 빠졌다고 하자. 하지만 그런 핑계를 댔다고 그 가족에게 진짜 무슨 일이 생기지는 않는다. 오락적 의도로는 만담, 토크쇼, 마술, SF 소설 등 사실이 아니지만 정신적인 만족감과 즐거움을 줄 수 있는 것을 말한다. 따라서 넓은 의미에서 이 경우는 사기에 해당하지 않는다.

그밖에 '언어'나 '행위' 이면에 동기가 숨어 있기도 하다. 사기꾼은 말로써 자신의 동기를 포장할 수 있다. 따라서 진위 여부를 판단할 수 있는 인생 경험이 어느 정도는 필요하다. 상대가 말하는 모습을 관찰하며 그 말에 진심이 담겼는지 속에 없는 말을 하고 있는지, 앞뒤가 일치하는지 맞지 않는지, 뒷받침할 증거가 있는지 아니면 아무개가 우리 고객이라거나 우리 제품 광고모델이 누구라며 믿을 수 있는 사람을 전면에 내세우는지 등을 살펴야 한다.

행동

행동은 겉과 속 혹은 말과 행동이 일치하는지 아닌지, 사

람들 앞에서든 뒤에서든 같은 모습인지 등을 포함한다. 일치할
수록 사기 성공 확률도 높아진다. 자신이 은행 고위 관계자라
고 속인 어느 사기꾼이 실제로 모 은행 회의실에서 사기칠 대상
과 만났다는 뉴스 보도가 있었다. 은행 고위 관계자만 쓸 수 있
는 회의실을 사용한 건 상대가 사기꾼을 믿게 만든 '행동'이었
고 '은행 회의실'은 사기꾼이 이용한 실제 '상황'이었다.

상황

이어서 살펴볼 것은 상황이다. 사회학자 윌리엄 토머스
William Isaac Thomas와 도로시 토머스Dorothy Swaine Thomas는 '상
황정의definition of the situation' 이론을 제시했다. 어떤 상황에서는
그 상황 규범에 맞게 행동해야 한다는 뜻이다. 예를 들면 결혼
식에서는 결혼하는 사람이 당신과 헤어진 연인이 아닌 이상 울
상을 지으면 안 되고, 장례식에서는 지나치게 기뻐하거나 잘 죽
었다는 말은 하면 안 된다.

사기치는 상황은 일종의 연극이다. 사기꾼은 그 연극 같은
상황을 실제 상황이라고 여기며 당신을 끌어들이려고 한다. 그
때 상황정의는 두 가지 다른 현실을 만들어낸다. 속는 당신은
당신이 진짜라고 생각하는 현실에 산다. 그런데 사기꾼은 두 가
지 현실에 산다. 하나는 당신이 진짜라고 착각하는 현실, 다른

하나는 사기꾼이 실제로 살고 있고 당신을 속이는 현실. 사기꾼은 당신보다 일의 내막을 잘 알기 때문에 자신이 전체 상황을 조종한다고 생각한다. 반면 당신은 아무것도 모르고 완전히 그의 손에서 놀아난다. 사기꾼은 자기가 당신보다 똑똑하고 당신은 멍청이라고 생각한다.

현재의 상황정의와 일이 벌어진 후의 상황정의가 완전히 다를 때도 있다. 특히 사기 행각이 탄로난 후가 그러하다. 속고 나서 뒤늦게 진실을 파악해서일 수도 있고 속기 전에 사기꾼의 수법을 알아채서일 수도 있다. 사기나 거짓말이 제삼자나 법 집행자에게 까발려졌지만 사기당한 사람이 제삼자와 같은 '상황정의'를 받아들이지 않으면 사기당한 사람은 계속 제삼자와 다른 '현실'에서 살게 된다. 사기당한 사람이 제대로 '각성'해서 "과거는 사기 현실"이었다는 걸 깨닫고 애초의 상황정의가 잘못되었음을 확인해야만 비로소 전체 사기 사건이 성립하는 것이다.

제삼자 시선으로 보면 사기당하는 사람 대다수는 자신이 진짜라고 믿는 상황정의에 살면서 제삼자야말로 자신을 기만하고 있다고 생각한다. 그런데 사기꾼은 보통 처음부터 판을 짜놓기 때문에 전체 과정에서 사기꾼과 속는 사람은 다른 '상황정의'에서 살게 된다. 뉴스에서 자주 보는 것처럼 은행원과 경찰이 수단 방법을 총동원해야만 사기 피해자를 겨우 설득할 수 있는 상황이 그와 같은 경우다.

또 상황은 '규범(게임규칙)'도 포함한다. 만약 당신이 어떤 상황을 의심하면 사기꾼은 당신에게 "이건 우리 사이의 비밀"이라며 거짓말을 둘러대거나 자신을 믿지 않는다며 오히려 당신을 원망할 수 있다. 대개 이런 경우는 올가미를 벗어날 기회인데, 사람들은 대부분 자신이 상대방에게 무례하게 굴었다고 생각한다. 누군가 구매를 강요했을 때 물건을 사지 않아도 전혀 문제되지 않지만, 어차피 몇 푼 안 하는데 속으면 좀 어때, 하며 넘어가는 사람들이 있어서 사기가 성립하는 것이다.

상황에는 '인정'과 '체면'이라는 조건도 있다. 누군가 술을 권하며 말한다. "이 술을 거부하면 날 무시하는 걸로 여길 거야!" 그때 당신은 곤란한 상황을 만들지 않으려고 술을 받아 마실지 모른다. 또 누군가 길에서 당신을 붙잡고 꽃이니 뭐니 사달라고 할 때 거절하면 자신이 인정머리 없는 사람처럼 보이거나 체면이 깎일까 봐 신경이 쓰일 수 있다. 특히 친구나 연인이 옆에 있을 때 안 사주면 괜히 쪼잔하거나 매정한 사람처럼 보이는 기분이 든다. 이것이 바로 인정에 따른 사회적 부담 때문에 당신이 상황에 굴복한 경우다.

결과

사기 과정에서는 결과가 가장 중요하다. 이를테면 자신에게 이로운지 이타적인지, 무해한지 장난인지 같은 것이다. 처음에는 이게 다 다른 사람에게 이로운 일이라고 점잖게 이야기를 꺼냈는데 마지막에 가서 보니 이득을 본 건 말한 사람 혼자뿐이었다. 사기 집단은 대개 이런 식이다. 자기 이익이란 곧 그들의 이익을 말한다. 그들은 '부의 재분배'라거나 "당신 돈이 부당하게 얻은 돈이라서 당신을 속여도 나쁠 게 없다" 식의 궤변을 늘어놓기도 한다.

또한 장난으로 희롱당한 사람은 간혹 상처를 입기도 한다. 희롱한 사람은 "큰 지장이 없다"며 장난을 대수롭지 않게 여기거나 그런 행동에 숨은 폭력이라는 본질을 숨길 때도 있다. 장거리 비행이나 고속철도로 여행하다가 누군가 당신에게 무슨 일을 하는지 물었다고 하자. 당신은 어차피 다시 볼 사람이 아니라서 대충 둘러댄다. 설령 그 안에 거짓말이 섞여 있어도 피해를 입은 사람은 아무도 없기 때문에 많은 사람이 여기에 대해 도덕적 책임을 지지 않는다.

사기를 이루는 것들:
사기의 구조

사회학의 각도에서 사기의 기본 구조를 살펴보자. 여기에는 사람들, 상호작용, 제도, 문화, 역사 등 다섯 가지 측면을 포함한다.

역할을 맡은 사람들

이 사람들 중에는 돈이나 여자를 이용한 사기를 생계 수단으로 삼는 사기꾼(또는 집단)이 있다. 이들이 사기치는 이유는 로빈 후드처럼 불공정한 사회에 복수하기 위해서일 때도 있지만, 제 잘난 맛에 자신의 출중한 능력과 자존심을 드러내는 것이 목적일 때도 있다.

한편 사기당하는 사람들은 헛된 욕심 때문에 속기도 하지만 남을 도우려는 선한 마음 때문에 속는 경우도 있다. 물론 일이 어떻게 돌아가는지 몰라서 사기당할 때도 있다. 법원 판결은 보통 연줄을 대거나 부패 검사를 쓰지 않는다. 그런데 어쩌다 발생하는 '부패 검사' 사건을 법조계에서 암암리에 통용되는 규칙으로 받아들이는 것은 아마도 무지가 아니라 사법제도의 불완전성, 두려움과 관련이 있을지 모른다. 국가 공무원을 사칭한 사기꾼이 당신에게 이렇게 말했다고 하자. "당신은 지금 어떤 사건에 연루되었습니다. 조사가 끝날 때까지 당신 계좌를 동결합니다. 비공개 수사인 만큼 이 일을 다른 사람에게 발설하면 안 됩니다." 이 말을 들은 당신은 정부 일에 협조해야지, 안 그러면 사기 공범으로 몰리겠다는 생각이 들 것이다. 이게 바로 당신의 두려움이 이용당한 경우다.

예전에 대만중앙연구원 부원장이 평생 모은 약 2천만 대만달러(한화 약 8억 4천만 원)를 사기당해 몽땅 털린 적이 있었다. 사기꾼은 잡았지만 결국 돈은 한 푼도 돌려받지 못했다. 당시에는 그 정도로 직위가 높은 사람이 왜 그렇게 멍청하게 굴었을까 하며 이런저런 말들이 많았다. 그런데 여기에서 나는 피해자를 비난할 게 아니라 비난받아야 할 대상이 가해자라는 점을 강조하고 싶다. 피해자가 사기당한 이유는 탐욕에서 비롯하기도 하지만 아닌 경우도 있다. 다른 사람을 위해서라는 사기꾼의 호소,

피해자의 무지나 두려움 때문에 사기당하기도 하는 것이다.

이밖에 사기 사건에서는 내막을 아는 사람, 비밀을 누설하는 사람, 밀고자 역할을 하는 사람도 있다. 대만에서는 부정적인 의미로 배신자를 색출하는 걸 '쥐새끼를 잡는다'라고 표현하는데, 요즘은 그런 사람을 내부고발자라고 부른다. 내부고발자는 생명과 재산에 위협을 받을 수 있으니, 진실로 진리, 정의를 위해 밀고하려면 도덕적 용기가 필요하다.

'당신'이라는 전제

사람과 사람 간의 상호작용은 '미시적 사회학 측면'에서 바라봐야 할 때가 있다. 이는 금전, 권력, 지식, 애정, 건강과 관련되며 성性적인 것도 포함한다. 따라서 재물과 여색으로 남을 속이는 것을 파악하는 것이 사기 행각을 잡아내는 요령이다. 상대방이 왠지 당신이 돈을 벌게끔 도와줄 좋은 사람처럼 느껴질 때가 있다. 그 사람은 당신을 좋아하고 친한 사이인 척 굴지만, 사실은 잘 짜인 사기극을 진짜라고 믿게 만들 작정인 것이다.

따라서 우리가 생각해볼 문제는 이것이다. 사기꾼은 언제 본격적으로 사기를 치는가? 그는 모든 상황에서 사기를 치는 게 아니다. 상점에서 물건을 살 때는 그도 돈을 내야 한다. 고작 음료수 한 병 때문에 사기극을 시작하지는 않는다. 사기꾼이 집에

서까지 사기꾼인 것은 아니다. 그가 집에 돌아가면 "엄마, 아빠, 저 왔어요"라고 말한다. 부모가 "타이베이에서 뭐 했어?"라든지 "외국 가서 뭐 했어?"라고 물으면 "회사에서 일했어요. 매일 회사에 틀어박혀 있을 정도로 바빴어요"라고 한다. 거짓말은 아니다. 외국에서 떼돈을 벌었다는 사기 집단의 말도 전부 거짓은 아니다. 단지 사기를 쳐서 번 돈이라고 말하지 않았을 뿐이다.

사기 집단도 조직적으로 움직여야 하는데, 이것도 일종의 상호작용이다. 조직적인 면에서 보면 사기 집단은 꽤나 효율적이다. 안 그러면 많은 사람을 속일 수 없다. 오합지졸을 데리고 많은 돈을 사기치는 건 불가능하다. 배운 사람들이 그 배운 걸 올바른 곳에 쓰지 않으니 안타까운 노릇이다.

조직으로서 사기 집단 내부에도 상벌제도와 규범이 있다. 실적이 좋으면 상금이 있고 다른 사람은 속여도 내 사람은 속일 수 없다는 식의 가장 단순한 규범 이외에 다른 어떤 규범이 있는지는 우리가 알지 못한다. 현재로서는 사기 집단 구조에 대한 정보가 턱없이 부족해서 구체적으로 조직이 어떻게 움직이는지, 그 작동 원리를 진실하고 심도 있게 이해하기는 어려운 실정이다.

사회제도

일반적으로 사기에 이용되는 제도는 인터넷, 사법, 금융,

경제 시장 등이다. 개인의 성장과정을 쭉 살펴봤을 때 가장 먼저 사기가 일어나는 사회제도는 가정이다. 사람은 가정에서 나고 자라기 때문에 가장 중요한 사회제도는 '가정'이고, 가정에서 일어나는 사기는 거의 비밀스러운 가정사가 대부분이다. 양자나 양녀는 '출생의 비밀', 외도는 '결혼의 비밀'과 관련된 것처럼 말이다.

청소년기가 되면 가장 중요한 제도는 학교가 된다. 학교에서 일어나는 사기는 주로 커닝과 베끼기다. 학교를 떠나 직장에 들어가면 속일 기회는 더 늘어난다.

경제 사기와 관련해 우리가 가장 먼저 떠올릴 수 있는 건 불량품이나 모조품이다. 'A급 짝퉁'으로 불리는 모조품은 진품과 가장 흡사한 정교한 모조품을 가리키고, 이보다 낮은 등급은 'B급'으로 분류된다. 그런데 A급이든 B급이든 둘 다 진품과 비슷한데 가격은 상대적으로 저렴한 제품이다.

'금융위기'는 사회 전체를 충격에 빠트린 사기의 일종이다. 자신의 이익을 위해 수많은 사람과 거액의 돈을 대상으로 사기를 쳤다. 파문을 일으킨 엔론(Enron, 한때 미국에서 가장 혁신적인 기업으로 평가될 만큼 잘나가던 기업이었으나 분식회계 사실이 드러나 파산했다 - 역주) 사태와 버니 메이도프(Bernie Madoff, 트위터를 통해 폰지 사기극을 벌인 인물로 인류 역사상 최악의 사기꾼으로 불린다 - 역주) 사건, 1990년대 대만에서 발생한 홍위안鴻源그룹 사기 사건(고금리로 투자를 유치해 불법 자금을 조달함으로써 대만 최대 사기 집단으로 불린다-역주) 등이 그 예다.

그리고 정치 사기는 흔하기도 하고 종종 스캔들로 번지는 경우도 있기 때문에 "정치는 가장 큰 속임수"라든지 "정치는 강력한 마약"이라고 말하는 사람도 있다. 돈이나 성性과 관계가 밀접한 정계는 스캔들의 중요한 무대다. 사실 경선 공약을 지키지 않는 것도 사기 아닌가? 하지만 수많은 유권자는 크게 따지고 들지 않는다.

또한 사회생활에서 중요한 부분을 차지하는 것 중 하나가 바로 종교다. 어떤 종교든 상관없이 종교 사기는 대부분 금전적, 성적인 것과 관련이 있다. 예를 들면 시줏돈을 횡령하거나 종교인이 여자나 아이를 성폭행하는 것이다. 운명을 바꾼다는 핑계로 생전에 묘지나 납골당 같은 데 투자케 하거나 천주(天珠, dzi)와 사리 등을 구매하게끔 하기도 한다. 그런데 종교에서는 도덕적으로 고상한 사람에게만 사리가 나온다고 여긴다면서 그걸 어떻게 사고팔 수 있는지 궁금할 따름이다.

인성과 도덕의 문화

이는 인간 본성의 약점을 이용하는 것이다. 여기에는 탐욕, 좋은 것을 따르고 나쁜 것을 피하는 마음, 돈으로 액땜하는 심리, 남을 도우려는 선의 등이 포함된다. 여러 번 언급했지만, 꼭 탐욕 때문만이 아니라 사랑하는 마음이 넘쳐도 사기당할 때가 있다.

"좋은 마음으로 한 일은 좋은 보답을 받는다"는 이데올로기도 약점이 된다. 예를 들면 버스 정거장에서 돈을 뜯어낼 때 자기가 집에 갈 돈이 없어서 그러는데 나중에 갚을 테니 명함을 달라고 하는 경우다. 결과적으로 당신 명함을 가지고 다른 사람에게 사기를 치는 것이다. 따라서 함부로 명함을 건네도 안 되고 명함만 보고 사람을 믿어서도 안 된다.

한편 "불쌍한 사람은 그럴 만한 이유가 있다"는 말을 굳게 믿는 경우도 있다. 당신이 불쌍하게 여기는 사람이 당신을 속였을 가능성도 있지만, 실제로 정말 도움이 필요할 수도 있는 것이다.

마지막으로 "지금은 서로 먹고 먹히는 사회"라는 믿음도 문제가 된다. 따라서 서로 속고 속이는 게 별일 아니라고 생각하는 이데올로기도 사기 풍조를 조장하는 데 한몫한다.

여기에서 중요한 건 문화적 가치, 즉 도덕관이다. 사람에게 거짓말을 하라고 부추기는 문화는 거의 없다. 1950년대에 현대화된 국가들을 대상으로 실시한 조사 결과, 사람들이 중요하다고 믿는 도덕 중 하나가 바로 솔직함이었다. 그런데 솔직함에도 대내외적으로 구분이 있었다. 자신이 속한 단체, 가족, 학교나 사장에게는 솔직해야 하지만, 그 외에는 솔직하든 말든 상관없다고 생각하는 것이다.

칸트가 주장하는 것처럼 어떤 상황에서든 누구에게나 솔직해야 하는 경우는 드물다. 사람들은 그렇게 행동하는 건 어리석다고 생각한다. 내 사람에게 솔직한 것이 중요하지 남한테까지 솔직할 필요가 있나? 그렇다면 솔직한 것과 속이지 않는 것은 보편적 가치일까, 특별한 가치일까? 예전 연구에서는 이를 보편적 가치로 보았지만, 만약 세분한다면 특별한 상황에서만 지켜야 할 가치일 수도 있다.

행동으로 가르치는 것과 말로 가르치는 것이 불일치하는 경우도 있다. 우리가 어렸을 때는 학교에서 참고서를 쓰지 못하게 규정했다. 그래서 장학사가 학교에 오는 날이면 전교생과 모든 교사가 합심해서 강단 밑이나 창문 밖에 참고서를 숨기고 장학사가 떠나면 원래 상태로 돌려놓았다. 선생님이 굳이 거짓말하라고 말한 적은 없지만, 몸소 시범을 보여줌으로써 우리는 그들의 겉과 속이 다르다는 걸 이해할 수 있었다.

소위 '미디어 효과'도 있다. 영화에서 사기꾼을 멋있고 비상한 두뇌를 가진 사람으로 묘사하는 것이다. 일본 드라마 〈컨피던스 맨 JP〉에서 주인공이 악인을 대상으로 사기치는 전문 사기꾼이라는 설정은 사기가 나쁘지 않다고 오도하거나, 심지어 '악인에게 사기치는 것'을 정당하다고 느끼게 만들 수 있다. 도덕적으로 부담감은 덜 느끼면서 사기를 예방하고 통제하는 법정 권한이 사법·경찰조직에만 있다는 사실을 등한시하게 되는 것이다.

의도치 않은 사기, '예언'

흔히 볼 수 있는 사기 사건은 언론매체 덕에 '대가'나 '신동'으로 불린 사람들이 어떤 사회적 사건이나 국가적 재난을 예언하는 경우다. 미국 사회학자이자 나의 스승인 로버트 머튼은 '자기충족적 예언Self-Fulfilling Prophecy'과 '자살적 예언suicidal prophecy'을 제시했는데, 나는 이 두 가지와 이보다 앞서 제시된 '의도적인 사회적 행동의 예상치 못한 결과unanticipated consequences of purposive social action'까지 세 가지 개념을 아래 표로 정리했다.

		결과	
		실현	비실현
예언 (약속)	실현	자기충족적 예언(신용)	의도적인 사회적 행동의 예상치 못한 결과(거짓말이나 사기)
	비실현	의도적인 사회적 행동의 예상치 못한 결과(거짓말이나 사기)	자살적 예언(성실)

표 2-1 네 가지 예언(약속) 분류
(자료 출처: 로버트 머튼에서 쑨중싱 정리 (1936; 1948; 1968))

예언과 결과가 모두 실현되는 것이 '자기충족적 예언'이다. 언론매체에서 인도의 신동이나 국사國師의 예언을 보도했을 때 사람들은 '와, 잘 맞추네!'라고 생각하겠지만, 사회학에서는 이를 자기충족적 예언으로 본다. 보통 들어맞지 않는 말은 입 밖에 꺼내지도 않고 언론에서 보도하지도 않는다. 설령 보도한다고 해도 크게 신경 쓰지 않는 사람이 대다수다.

예언은 실현되지 않고 결과가 실현되거나, 예언은 실현되었는데 결과가 실현되지 않는 것은 '의도적인 사회적 행동의 예상치 못한 결과'다. 이는 결과와 당초 예언이 불일치하는 상황을 나타낸다.

예언과 결과가 모두 실현되지 않는 것은 '자살적 예언'이다. 당신이 말했기 때문에 그가 행동을 피하며 결과적으로 일이 발생하지 않은 것이다.

자기 자신을 속일 때는 '예언은 실현되고 결과는 실현되지 않기'를 바란다. 만약 결과가 실현되면 그건 자기를 기만하는 것이 아니기 때문에 결과를 봐야만 알 수 있다. 일이 발생한 직후에는 티가 나지 않을 때가 종종 있다.

'예언' 부분을 '약속'으로 바꿀 수도 있다. 이렇게 하면 '약속'의 결과에도 '실현'이나 '비실현' 문제가 생길 수 있는데, 처음에 한 약속의 결과가 실현되는 것이 '신용'이고 약속과 결과 모두 실현되지 않는 것이 '성실'이다. 일이 벌어진 후의 결과와 처음에 한 약속이 일치하지 않으면 그건 전부 거짓말 아니면 사기다.

이 표를 통해 알 수 있는 것은 맨 처음 약속할 때 결과가 나오기 전까지는 사기당하는 사람이 이게 사기나 거짓말이라는 걸 알아채기 어렵다는 점이다. 우리는 보통 신의성실 원칙에 입각해서 상대를 믿는 편이다. 이는 사기꾼이 먼저 '우위'를 점한다는 뜻이며, 내가 믿음이 사기를 조장한다고 생각하는 이유이기도 하다. 초반의 믿음은 거짓말이나 사기와 떼어내기 힘든 샴쌍둥이 같은 관계다. 여기에서는 결과로써 성실, 거짓말, 사기를 판단하는 것뿐이라는 점을 주의하기 바란다. 만약 동기나 상황 등 다른 요소들을 고려한다면 표가 더 복잡해질 것이다.

역사와 관련해서는 이미 1장 전체를 할애해 다루었다. 사기에 관한 역사 기록과 논의를 살펴보면서 동서고금을 막론하고 사기는 언제나 존재했으며 근절할 수는 없었다는 사실에 마음이 좋지 않았으리라!

그런데 사회학 관점에서 사기를 분석할 때는 개인의 생리적, 심리적 측면을 분석하는 경우는 드문 편이다. 그래서 간단하게 몇 가지만 짚고 넘어가겠다. 생리적 측면에서 보면 사기는 동물이 보호색으로 자신을 숨기는 것과 비슷하다. 위장을 해서 자신의 생명을 보호하는 생존 전략이자 동물적 본능이다. 이밖에 눈맞춤, 표정 등 신체 언어(보디랭귀지)도 생리적 현상이다. 사람이 거짓말을 할 때 어떤 근육이 움직이는지, 어떤 생리적 반응을 일으키는지 조사한 연구가 있다. 가슴이 뛴다든지 땀을 흘린다든지 하는 건 생리적 측면을 연구한 것이다. 영국 의사 올리버 색스는 저서《아내를 모자로 착각한 남자》에서 여러 사례와 이야기를 언급하며 뇌신경에 문제가 생긴 사람들이 오히려 일반인보다 누가 거짓말을 하고 있는지 잘 알아차리는 것으로 묘사했다. 이 책을 통해 나는 인류의 생리적 반응을 더 잘 이해하게 되었다.

심리적 측면에서는 거짓말을 하는 사람의 말과 행동에 나타나는 각종 징조, 동기, 인격 등 요소에 집중한다. 자아에 나르시시즘, 마키아벨리즘, 사이코패스 성향이 있어서 목적을 위해서라면 수단과 방법을 가리지 않는 사람들이 있다. 사회심리학 분야가 아닌 이상 사회학에서 심리학을 언급하는 경우는 드물지만, 사기를 논의할 때는 소홀히 할 수 없는 부분이기도 하다.

신뢰는 어떻게 사기가 되는가

거짓말과 믿음은 샴쌍둥이: 믿음에 관한 연구

1장 첫머리에 언급한 것처럼 믿음이 없으면 사기는 성공할 수 없다. '똑똑함'과 '멍청함'처럼 서로 대립하는 '믿음'과 '의심'은 동전의 양면 같은 것이다. 역설적이게도 우리는 흔히 거짓말을 잘하면 기지가 넘치고 똑똑한 것이며 쉽게 속아 넘어가면 바보라고 생각한다. 그렇다면 지금까지 어떤 학자들이 믿음을 연구했고, 그 연구들은 어떤 인간적인 결론을 내렸을까?

믿음의 방향성과 요소

폴란드 사회학자 표트르 스톰프카Piotr Sztompka는 믿음에 세 가지 방향성이 있다고 생각하고 연구를 진행했다. 즉 관계로서의 믿음, 성격적 특성으로서의 믿음, 문화적 규칙으로서의 믿음이다.

사기와 믿음은 동전의 양면이기 때문에 다음과 같이 사고를 확장할 수 있다.

사기는 사회적 상호작용이다 – 사기와 믿음은 사회적 상호작용에 해당한다.

사기는 불평등한 관계다 – 사기와 믿음이라는 이 시소는 균형이 맞지 않는다. 사기꾼은 전체 상황을 통제하기 때문에 사기가 우위를 차지하며 법률이 개입해야만 전세가 역전된다.

사기는 사회제도다 – 인정받았다는 의미가 아니라 오래되고 끊을 수 없는 존재라는 뜻이다.

사기는 이데올로기다 – 사기꾼은 자신의 행동을 변호한다.

사기는 역사적 과정이다.

사기꾼과 사기 피해자에겐 성격적 특성이 있다.

사회학자 러셀 하딘Russell Hardin도 믿음은 반드시 세 가지 요소를 갖춰야 하고, 이와 함께 은연중에 내포된 두 가지 요소가 있다는 '캡슐화 이익모델encapsulated interest model' 이론을 제시했다.

신뢰는 어떻게 사기가 되는가

1. 믿음은 세 부분을 포함한다. 신뢰하는 사람truster, 신뢰받는 사람trusted, 신뢰하는 사항 등은 삼각관계를 이룬다.

2. 신뢰하는 사람에게는 신뢰하는 사항, 즉 '신뢰받을 만한 유인incentive to be trustworthy'이 필요하다. 그 사람이 '대만대학교 교수'라든지, '나와 제일 친한 친구' 혹은 '같은 고향 사람'이라서 믿음이 생기는 경우다.

3. 이런 유인들은 신뢰받는 사람이 가진 '암묵적 리스크'에 영향을 받을 수 있다. 즉 이런 믿음에는 배신이나 사기를 당할 위험이 있다는 뜻이다.

여기에 내포된 두 가지 요소는 다음과 같다.

1. 우리는 친숙도를 통해 상대방을 이해하고 판단한다(친숙도를 통해 상대방에 대한 지식이 생긴다). 어려서부터 아는 사이라거나 예전에 같이 수업을 들었다든지, 그 사람에게 물건을 산 적이 있다든지 하는 것이다. 마치 은행업계에서 강조하는 신용한도처럼 과거에 서로 왕래한 경험이 사람을 판단하는 신용도이기도 하다.

2. 친숙도는 상대방을 믿는 유인이다.

일상의 질서를 이루는 세 가지 믿음

다음은 학자 바바라 미스탈Barbara A. Misztal이 세 가지로 분류한 믿음을 정리한 것이다.

질서 Order	믿음 Trust	실제 Practice
안정적인 Stable	습관 Habitus	습관 Habit
		명성 Reputation
		기억 Memory
화합하는 Cohesive	열정 Passion	가정 Family
		친구 Friends
		사회 Society
협력적인 Collaborative	정책 Policy	단결 Solidarity
		용인 Toleration
		합법성 Legitimacy

표 2-2 세 가지 믿음의 형식과 실제
(자료 출처: Misztal)

안정적인 질서에서는 당신이 매일 하는 일과를 떠올려보자. 아침 일찍 일어나면서 알람이 정확하다는 믿음, 매주 수요일 어느 교실에 들어가 수업하는 일에 대한 믿음은 아무 생각 없이 하는 습관이다. 이 믿음이 명성에 기반할 때도 있다. 수업을 맡을 적합한 교사를 고민하고 있을 때 후보자가 대만대학교

사회학과 출신이라면 어느 정도 실력 검증이 되었을 테니 굳이 의심할 필요가 없다고 생각한다든지, 물건을 구매할 때 입소문이나 평판을 믿고 품질을 확신한다든지 하는 것이다.

화합하는 질서에서 기본적으로 당신의 믿음은 열정에 기반한다. 단체활동이나 콘서트 등에 참가하면 현장 분위기가 감정을 고조시키고 다 같이 하나로 뭉친 기분이 든다. 가족끼리는 서로의 감정을 바탕으로 신뢰하는 것처럼 말이다. 그래서 사람들은 보통 부모님이나 형제자매가 자기를 속인다고 생각하지 않는다.

협력적인 질서는 정책이 어떻게 사람들에게 신뢰를 줄 수 있는지를 가리킨다. 코로나19 팬데믹 기간에 시행된 백신 접종 정책이나 오배권(五倍券, 코로나19 시기에 대만 정부에서 전 국민에게 지급한 일종의 재난 지원금-역주) 정책 등이다. 동기들끼리 조별과제가 있어서 협력하는 것처럼, 가는 방향이 같으면 서로 차를 얻어 타는 행위를 용인하고 대의를 생각하는 건 어쩌면 모두가 공인하고 따를 규범이 있는 제도라서 신뢰하는지 모른다. 합법적인 투표를 통해 선출된 반장 등이 그 예다. 이 모든 게 의식적으로나 무의식적으로 우리가 형성한 믿음이며 사회생활 기초는 사람과 사람 사이의 신뢰에서 비롯한다는 걸 보여준다.

나의 믿음은 어디에서 비롯한 걸까?

2017년 미국 사회학자 마크 그라노베터는 저서 《사회와 경제: 체제와 원칙Society and Economy: Framework and Principles》 제3장에서 믿음을 정의하고 분류했는데, 믿음에 대한 그의 생각은 이렇다.

믿음과 믿음직한 행동은 모든 경제 상황에서 핵심 자산이다. 사람들이 서로 힘을 합쳐 순수한 자발적 동기보다 더 선량하게 행동하게끔 유도하기 때문이다…. 믿음에 기반한 협력은 조기 경보와 감독에 필요한 비용을 줄일 수 있고, 반대로 믿음이 부족하면 해당 비용은 눈에 띄게 늘어날 것이다.

그리고 그라노베터는 믿음을 다섯 가지로 분류했다.

1. 타인에 대한 이해나 이익 계산에 기반한 믿음(합리적 선택)
2. 인간관계에 기반한 믿음
3. 집단과 온라인 신분에 기반한 믿음
4. 제도적 장치에 기반한 믿음
5. 규범에 기반한 믿음

신뢰는 어떻게 사기가 되는가

믿음에 대한 여러 사회학자 연구를 살펴보고 내 믿음의 기초는 어디에서 비롯했는지 생각해보자. 상대적으로 미묘한 믿음과 사기의 관계는 여전히 우리에게 생각할 거리를 많이 던져준다.

믿으니까 속을 일이 없다? 그보다는 믿으니까 사기당할 위험이 있다고 말하는 편이 더 정확할 것이다.

믿음이 없으면 사기 사건이 일어나지 않을까? 만약 상대방이 불쌍한 척을 하면 조금이라도 측은한 마음이 들지 않겠는가?

속이지 않아야 믿음이 생긴다? 믿음과 사기는 제로섬 관계일까? 서로 속이지 않아서 우리의 믿음이 더 돈독해지는 걸까?

속는 게 두려워서 아예 믿지 않는다? 그런다고 모든 위험이 사라질까? 아무도 믿지 않는 상황에서 과연 사람이 살아남을 수 있을까?

진실인가 허상인가?
거짓말의 분류와 특징

사기가 성립하려면 믿음도 필요하지만 '친구'도 필요하다.

일반적으로 세상이 인정하는 거짓말과 불성실은 실제 상황이나 진심을 말하지 않거나 입 밖으로 꺼내는 말과 속마음이 반대인 것, 겉치레, 아부 등이다. 다시 말해 세간의 인정은 '진실(truth 또는 reality)'이라는 전제를 내포한다.

철학자 데이비드 니베르그는 《위장된 진실: 일상 속 진실과 기만The Varnished Truth: Truth Telling and Deceiving in Ordinary Life》에서 사기를 크게 '공개showing'와 '비공개hide' 두 측면으로 나누었다.

공개는 '거짓된 의도나 허상을 드러내는 것'이다.

1. 가장mimic: 자신을 유명인이나 학자처럼 실제로 존재하고 누구나 다 아는 사람으로 보이게 하는 것이다. 예전에 연구실에서 전화 한 통을 받았다. 쑨중싱 교수를 찾는다기에 나라고 했더니 깜짝 놀라며 전화한 여자가 말했다. 타오위안桃園에서 자칭 쑨중싱 교수라는 사람과 선을 봤는데 목소리가 다르다는 것이다. 여자가 설명한 남자의 생김새도 나와 다른 모습이었다. 이름도 같고 대만대학교 교수라고 해서 맞선 본 상대가 의심스럽던 차에 인터넷이 없던 시절이라 연구실로 전화해서 확인한 것이다.

2. 위조counterfeit: 자신을 모 대기업 사장이라고 속였지만 그 회사는 아예 존재하지도 않는, 거짓된 진실을 날조하는 경우다.

3. 오도misdirect: 나 자신의 이익을 위해서가 아니라고 강조하며 '당신을 위한 일인 척'하는 것이다.

비공개는 '진짜 의도나 진실을 숨기는 것'이다.

1. 은신disappear: 상대방이 못 보게 하거나 감추는 것이다. 가짜 신분이나 배경 조작, 마술 트릭도 그중 하나다.

2. 변장disguise: 특징을 잘 살려서 분간하기 어렵게 하는 것
   이다.

3. 전이distract: 불확실성을 높여 알아채지 못하게 하는 이른
   바 '성동격서聲東擊西' 전략이다.

   또 니베르그는 'Truth(진리, 진상, 진실)'에 대한 철학계의 4대
이론을 정리했다.

1. 일치설coherence: 언어체계에서 어떤 진술이나 신념이 기
   존 진술이나 신념 체계와 서로 일치하는지 아닌지를 판별
   해서 강조한다.

2. 부응설correspondence: 신념과 사실이 서로 호응하는지 아
   닌지 여부를 판단한다.

3. 실효설pragmatic: 유용하고 실제 효과를 발휘할 수 있는
   사실이나 물건으로, 흰 고양이든 검은 고양이든 쥐만 잘
   잡으면 좋은 고양이라던 덩샤오핑의 '흑묘백묘론'이 가장
   적절한 예다.

4. 공연설performative: 보여주는 것 자체가 진짜와 가짜의
   구분이 없는 사실이다. 이는 포스트모더니즘에 가까운 견
   해로, 만약 이 기준을 따른다면 사기꾼이 보여주는 그 모
   습이 진짜이고 배후에는 아무것도 없는 것이다. 맹자는

"오랫동안 빌려 쓰고도 돌려주지 않았으니, 그것이 자신의 소유가 아님을 어찌 알겠는가久假而不歸, 惡知其非有也"〈맹자 진심상盡心上三十〉라고 했다. 누군가 계속 좋은 모습을 보이면 그 사람이 진짜 좋은 사람인지 아닌지 어떻게 알 수 있느냐는 의미다. 당신 눈에는 영원히 그의 다른 면이 보이지 않기 때문에 눈에 보이는 것이 곧 진짜다.

이 네 가지 기준 이외에 '정치적으로 올바른' 진리도 있는데 "사장님 말이 다 맞다!"는 뜻이다. '지록위마(指鹿爲馬, 사슴을 가리켜 말이라고 함. 윗사람을 농락해 마음대로 권세를 휘두른다는 뜻)'나 안데르센 동화 〈벌거벗은 임금님〉 같은 것이다. 정치적으로 혼란한 시대에는 특히 진실을 말하려면 목숨을 걸어야 했다.

《타고난 거짓말쟁이들Born Liars: Why We Can't Live Without Deceit》의 저자 이언 레슬리는 거짓말쟁이의 다섯 가지 주의사항을 언급했는데, 거짓말하는 사람의 특징을 판단하는 데 참고할 만하다.

1. 자기모순을 피한다. 그래야 타인에게 사기극을 들키지 않는다.
2. 사기당하는 대상이 이미 알고 있는 사실과 부합한다. 법관이나 경찰관처럼 실제 사회에 있는 신분을 사칭해야지,

화성에서 온 외계인이라고 하면 상대방이 속을 가능성은
희박하다.

3. 말실수를 피한다.

4. 그동안 했던 모든 거짓말을 기억해야 한다. 거짓말은 폭
로될 때까지 계속 다른 거짓말로 덮어야 한다.

5. 말의 내용과 보디랭귀지를 통제한다.

"엄마, 나 납치당했어"
사기극 수법과 판별 키워드

사기와 진실을 연구한 뒤 니베르그는 책에서 아래 여덟 가지 속임수를 정리했다.

1. 속이는 네 가지 방법
   1) 잘못된 신념을 심는다. 예를 들면 "나는 좀도둑이 아니다"라든지 경찰 제복 차림과 신분증으로 당신이 사칭한 신분을 믿게 하는 것이다.
   2) 잘못된 신념을 유지하게 한다.
   3) 더 이상 어떤 일이 진짜라고 믿지 못하게 제동을 건다. "내가 당신을 속였다고 누가 그래요? 내가 당신

을 속일 수 있겠어요?"라는 식으로 말하는 것이다.

 4) 어떤 일이 진짜라는 걸 믿을 수 없게 만든다. 상대방
이 당신한테 휴대폰으로 화상통화를 하자고 할 때 다
양한 핑계를 대면서 지금은 상황이 여의치 않다며 상
대 의심을 불식시킨다.

2. '일이 일어나게 내버려두는' 네 가지 속임수

 1) 누군가에게 잘못된 신념을 심고 가짜 정보를 제공해
서 특정 행동을 유발한다. 인터넷에 떠도는 가짜 정보
들은 당신이 어떤 사람, 정책, 결정 등을 원망하길 바
라는 것이다.

 2) 누군가가 잘못된 신념을 계속 유지하게 한다. 1)번과
같다.

 3) 누군가가 더 이상 어떤 일이 진짜라고 믿지 못하게 제
동을 건다.

 4) 누군가가 진실한 신념을 믿지 않고 잘못된 상태를 계
속 지속하게 만든다.

니베르그는 사기인지 아닌지 판단하는 데 주의해야 할 여
섯 가지 주요 범주에 대해서도 언급했다.

1. **상황이나 맥락**: 시간, 장소, 특수한 사건. 실제로 그 일이 있었다고 믿게 한다.

2. 행위자: 누가 누구에게 무엇을 했는가. 속이는 사람은 속는 사람에게 무슨 일을 했는가.

3. 목적: 왜 그 일이 발생했는가. 사기는 대부분 돈 아니면 욕정이 목적이다.

4. **방법**: 그 일이 어떻게 일어났는가. 속이는 쪽은 확실하지만 속는 쪽은 불확실할 때가 많다.

5. 결과: 나는 그 일을 어떻게 대해야 하는가.

6. 우리가 진실을 말하지 못하게 제한하는 일곱 가지 의무:

   1) 누구나 정보를 받아들일 권리는 있지만, 그 권리가 모든 정보에 적용되는 것은 아니다.

   2) 그 권리를 모든 사람이 동등하게 가지는 것은 아니다. 어쩌면 다른 도덕적 가치를 포기했기 때문에 그 권리를 잃었는지도 모른다.

   3) 자발적으로 동의하는 상황에서는 진실을 말하는 게 맞지만, 비자발적으로 다른 사람과 어떤 상황에 놓이게 된 경우에는 진실을 말하는 게 이치에 맞는지 아닌지 선택해야 한다.

   4) 다른 사람을 해치는 상황은 피해야 한다.

   5) 능력이 있을 때는 남을 도와줘야 한다.

6) 선택권이 있다면 일보다 사람을 우선적으로 고려해야
   한다.
7) 우리가 명심해야 하는 것: 올바른 정보를 얻어야 한다
   는 부담감을 가져야 한다. 하지만 목숨이 달려 있거나
   이해관계가 얽혀 있을 때처럼 살아남기 위해 부정확하
   거나 불완전한 정보를 전달해야 할 때도 있다.

마크 냅은 저서 《인간 상호작용에서의 거짓말과 속임수
Lying and Deception in Human Interaction》에서 사기극을 대형 사기
극, 인터넷 사기, 길거리 사기, 멘탈리스트, 심령술, 초자연적
현상 등 여섯 가지로 나누고 사기극의 일곱 가지 기본 요소를
제시했다.

1. 잘 속는 대상이나 특징적인 사람을 선택한다. 내키는 대
   로 그물을 던졌는데 당신이 이를 알아차리고 전화를 끊거
   나 재빨리 자리를 뜨면 사기꾼 입장에서 당신은 사기칠
   대상이 아니다.
2. 사기극의 '미끼'를 사실처럼 보이게 한다. 돈을 쓸 때도
   있고 불쌍한 척하기도 한다.
3. 피해자가 요구할 만한 상황을 설정한다. 값나가는 물건이
   하나 있는데 지금 싸게 사면 나중에 몇 배로 수익을 거둘

수 있다고 하는 것이다.

4. '증인'을 세운다. 같은 패거리를 준비해둔다.

5. 피해자에게 돈을 뜯어낸다. 성적으로 유혹해 사진을 찍은 다음, 사진, 영상, 녹음 파일을 공개하겠다고 협박해서 돈을 뜯어내는 것이다.

6. 사기극을 완수한다. 일이 끝나면 당신은 사기꾼을 찾지 못한다. 이름을 비롯한 모든 기본 정보가 가짜이기 때문이다.

7. 피해자와 헤어진다.

러시아 출신 미국 작가 마리아 코니코바는 《뒤통수의 심리학The Confidence Game: Why We Fall for It··· Every Time》에서 사기극을 꾸미는 과정을 여덟 단계로 정리했다.

1. 목표 대상 선정

2. 사기를 위한 준비

3. 사기의 덫 마련

4. 사기라는 동화 설정

5. 미끼로 유혹하기. 욕심이 많은 사람에게 특히 유용하다. 이성을 탐하는 사람은 여자(남자)로, 마음이 따뜻한 사람은 동정심으로 유혹한다.

6. 일이 잘못되어 실패한 경우. 상대방이 일부러 "이 돈 안 벌 거면 그만두세요…"라고 말하는 것이다.

7. 목표 대상이 처참하게 무너지고 사기꾼은 환호성을 터뜨린다.

8. 장애물을 제거하고 꼬나풀을 매수한다. 가스회사 직원을 사칭한 사람이 방문했을 때 그가 준 번호로 직접 전화해서 실제 그 회사 직원이 맞는다는 답변을 받는 경우다. 사기를 치기 위해 사기꾼이 미리 손을 써둔 상태이기 때문이다.

이 책의 영문 제목인 'confidence game'을 직역하면 '신뢰 게임'으로, 앞에서 말했듯이 당신에게 신뢰를 심어주고 당신의 신뢰가 필요한 사람은 사실 사기꾼이다. '사기꾼'을 영어로 'con(fidence) artist'라고 부르는데 어쩐지 단어에서 어쩔 수 없음을 나타내는 것 같기도 하다.

거짓말 판단은 너무 어려워!
거짓말 식별을 돕는 요소들

영화나 드라마에서 가장 자주 등장하는 거짓말탐지기 장면처럼 거짓말은 측정이 가능해야 하며, 어떤 사람이 거짓말을 하는지 아닌지 과학적으로 판단할 수 있는 측정 기기 같은 생리·심리 연구가 있어야 한다고 생각하는 사람들이 있다. 2009년 미국 드라마 〈라이 투 미Lie to Me〉가 바로 이러한 기대를 충족시킨다. 남자 주인공이 하는 일이 보디랭귀지와 미세한 표정을 읽어내어 상대방 말이 진실인지 거짓인지 분석하는 것이다.

한때 FBI 고문으로 일했던 미국의 유명 심리학자이자 폴 에크먼의 연구에 따르면, 훈련받은 전문가라도 거짓말인지 아닌지 백퍼센트 완벽하게 알아낼 수 없다. 또 다른 연구자 벨라

드파울로는 참인지 거짓인지 판정해낼 수 있는 거짓말이 47퍼센트에 불과하다는 걸 발견했다. 어쩌면 주사위나 동전 던지기로 맞힐 수 있는 확률이 더 높을지도 모른다. 결론은 거짓말 탐지가 쉽지 않다는 것이다.

그래도 마크 냅은 우리가 어떻게 하면 거짓말을 분간할 수 있는지 설명하려고 노력했다.

1. 관찰한 행동의 진짜 의미가 무엇일지 가늠해본다. 예를 들어 연기를 하거나 남을 속이는 사람이 있으면 그 행동의 어느 한 부분을 간파해서 전체 행동의 진위 여부를 판단한다.
2. 능력 있는 거짓말쟁이는 자신의 행동을 바꾼다.
3. 거짓말은 환경에 따라 변한다.
4. 거짓말의 동기와 목적은 사기 행위에 영향을 준다.
5. 언어 유형은 거짓말쟁이 행동에 영향을 줄 수 있다. 위조나 은폐가 그 예다.

폴 에크먼과 그의 동료 월러스 프리젠은 《얼굴 움직임 부호화 시스템 안내서 Manual for the Facial Action Coding System〔FACS〕》에서 얼굴 근육에 '행동 단위'가 있는데 총 43개 얼굴 근육으로 3천 개에 달하는 표정을 지을 수 있다고 말했다. 이 안내서는 과학적으로 거짓말을 연구한 흔적이지만 여전히 완벽하게 판단하지는 못한다.

미국 캘리포니아주 버클리시의 경찰관 존 라슨이 발명한 거짓말탐지기는 1921년에 처음 사용되었다. 라슨은 거짓말을 할 때 호흡이 가빠지고 심박동이 빨라지거나 땀이 나는 등 나타나는 생리적 반응이 평소와 달라서 이를 통해 거짓말을 측정할 수 있다고 믿었다. 하지만 현재 거짓말탐지기는 법적 실효성이 없고 참고만 할 수 있기 때문에 거짓말탐지기 사용을 거부해도 법적으로 문제될 게 없다.

지금까지 살펴본 견해들을 종합해보면 현재까지 완벽하게 거짓말을 탐지할 수 있는 방법은 없다. 동화에 나오는 '피노키오의 코'나 '도라에몽'의 '진실 단팥빵' 정도는 되어야 우리가 생각하는 완벽한 거짓말탐지기라고 할 수 있으리라!

선배들의 연구 성과를 정리한 위 내용을 통해 우리는 믿음과 사기의 여러 측면을 일목요연하게 이해할 수 있었다. 앞으로 사기 사건을 대할 때 이전보다 완전한 지식과 가이드를 바탕으로 사기가 성행하는 걸 방지할 수 있을 것이다.

거짓말에 담긴 도덕:
선의의 행동이면 뭐든 괜찮은 걸까?

사기와 대립하는 건 믿음이다. 사기(허상)의 성립은 진실을 내포한다. 그런데 사기에서 인간관계, 현재 상황, 결과의 심각성, 적발 여부는 대개 '도덕'과 관련이 있다. 친구가 사소한 거짓말을 했을 때 당신은 그걸 까발려서 친구에게 망신을 주겠는가? 친한 친구가 공공의 이익에 관한 큰일에 대해 거짓말을 하면 사실을 밝히겠는가? 당사자에게는 대부분 도덕적 딜레마가 있다. 당신이 폭로하면 당신이나 친구의 생명과 재산이 위협받을 수 있다. 이는 사기꾼이 협박하거나 미끼로 유혹할 때 자주 사용하는 수법이다. 당신이 폭로하지 못하게 막으면서 오히려 공범으로 만드는 것이다. 사기로 인한 도덕적 딜레마는 까다로운 부분이 있다. 일상생활이나 사회생활에서 칼로 자르듯 깔끔하고 단호하게 관계를 끊을 수 없는 상황들이 많기 때문이다.

민첩하고 교묘하게 대응해야 하는 어쩔 수 없는 상황에서는 거짓말을 하면서 동시에 '거짓말이나 사기의 효과를 무력화시키는' 방법이 있다. 특수한 상황에서 자신이 저지른 부도덕한 행위에 대해 추후 사면을 받거나 허물을 벗게끔 하는 것이다. 중국 전통 무협소설 《소오의小五義》(청나라 말기의 고전 《삼협오의三俠五義》 중 하나 - 역주) 제27회에서는 '각저화불(脚底畫不, 발밑에 '아니 불[不]'자를 그리다)'을 하는데 서양에서는 '가운뎃손가락을 집게손가락 위에 올려 교차'하는 제스처로 타의나 선의로 꾸민 사기극에서 했던 거짓말을 무효로 만든다. 거짓말이 잘못이라는 걸 알면서도 생명의 위협 때문에 말로는 동의하거나 맹세할 수밖에 없는 상황도 있다. 이처럼 비상시기에 '겉과 속이 다르게' 행동하는 것을 '진의 아닌 의사표시(mental reservation, 심리유보, 비진의표시)' 또는 '필요의 거짓말lie of necessity'이라고 부른다.

그렇다고 사기 행위가 없던 게 될 수 있을까? 과연 '선의의 거짓말이나 사기' 또는 '필요한 거짓말이나 사기'라는 게 있을까? 여기에 대해 결론을 내릴 수 있는 사람은 없지만, 한 번쯤 생각해볼 만한 문제다. 거짓말, 믿음, 진실에 대해 이해하고 나면 누구나 본인만의 해답을 찾을 수 있을지도 모른다.

나 개인적으로는 여러 자료를 읽고 생각해본 결과, 생사존망이 걸린 비상시기가 아니라면 최대한 진실을 말하려고 노력하는 습관을 들이기를 권한다. 특히 개인의 이익을 위해 거짓말을 해서는 안 된다. '선의의 거짓말'이나 '필요의 거짓말'을 하는 건 물론 가능하지만 말이다.

신뢰는 어떻게 사기가 되는가

3장

발칙한 자기기만과
사기의 심리

"자기기만은 능동적인 사람이 의도적으로 취한

절차 때문에 발생한 예상 밖의 결과다."

안나 엘리자베타 갈레오티

중국어에 '자기기인自欺欺人'이라는 말이 있는데, '나를 속이고 남도 속이다'라는 뜻의 이 말은 타인과 함께 자기 자신도 속이는 경우를 묘사한다.

그런데 자기기만에 대한 사회학 연구는 상대적으로 적다. 따라서 이번 장에서는 심리학, 사회심리학, 일부 철학 연구의 도움을 빌려 '자기기만self deception'이란 무엇인지, 우리는 어떤 상황에서 스스로를 속이고 싶고 속여야 하는지를 논의해보겠다.

자기기만과 관련해서는 다양한 예를 들 수 있는데, 모두가 잘 아는 동화 〈벌거벗은 임금님〉도 그중 하나다. 옷을 입지 않은 임금이 주변 사람들 칭찬을 듣고 자신의 옷이 아름답다고 믿는다는 이야기다. 그런데 남한테 뭐라고 할 게 없는 것이 나도 가끔 학생들이 "교수님 수업 너무 좋아해요"라고 칭찬하면 자아도취에 빠질 때가 있다. 이는 "선택적으로 우리는 실패한 피드백은 잊고 긍정적인 피드백만 마음에 새긴다"라고 한 미국 사회심리학자 로이 바우마이스터의 말과 일맥상통한다. 그렇다면 이와 같은 선택적 행동이 나타나는 이유는 무엇일까?

사실 누구든 스스로를 속일 수 있다

먼저 '자아'에 대한 개념을 짚고 넘어가야 한다.

사회학에서 중요한 개념 중 하나가 바로 자아self와 타자
the other다. '타자'를 '타인'이나 '또 다른 자아alter ego'로 번역하
기도 한다. 심리분석에서는 프로이트가 말한 성격 구조에 따라
'자아'를 고정된 것으로 간주할 수도 있지만, 사회학에서의 '자
아'는 미국 사회학자 찰스 호튼 쿨리의 견해를 따른 '거울 자아
looking-glass self'를 가리킨다. 거울 자아란 우리가 보는 '나'가 다
른 사람과 상호작용을 통해 생긴다는 뜻이다.

이후 미국 사회심리학자 조지 허버트 미드는 '사회적 자아
social self'라는 개념을 제시하고 자아가 놀이 단계play stage와 게임

단계game stage를 거쳐 발전한다고 주장했다. '놀이'는 다른 사람인 척 흉내내는 것이고, '게임'은 실제로 수많은 사람의 역할을 수행하며 사람들과 관계를 맺는 것이다.

'사회적 자아'란 자아가 다른 사람과 상호작용을 통해 끊임없이 수정하고 변화하는 것이지 고정불변한 게 아니라는 것이다. 따라서 사회학에서 말하는 '자아'는 사회적 상황에 맞게 다양한 역할을 연기할 때 타자와 상호작용하면서 어느 정도 변화한다.

다양한 상황에서 다양한 타자와 상호작용하며 '자아'는 자신감이나 자기애가 생기거나 자기기만 같은 행동을 하게 된다. 그런데 자기기만이 절대 불가능하다고 생각하는 사람도 있다. 어떻게 스스로를 속이는 게 가능하냐는 것이다. 하지만 말할 때 함부로 단정해서는 안 된다. 당연히 불가능할 때도 있지만 가능할 때도 있기 때문이다. "당사자의 눈은 어둡지만 제3자의 눈은 밝다"라는 말처럼 남의 눈에는 훤히 보이는데 정작 자신은 한가지 입장이나 관점에 지나치게 몰두한 나머지 자신의 '이중 잣대'나 '자기모순'을 알아차리기 힘든 경우가 많다.

철학자 안나 엘리자베타 갈레오티의 견해에 따르면, 자기기만은 "기존의 모든 불리한 증거는 자기 욕망에 영향을 받기 때문에 여전히 자신이 믿는 P가 틀림없기를 바라는 것"이며 "능동적인 사람이 의도적으로 취한 절차 때문에 발생한 예상 밖의 결과"다.

여기에서 P는 "p이면 q이다"에서처럼 논리학 기호다. '능동적인 사람'은 보통 '행위자'를 가리키고 '예상 밖의 결과'는 "정성껏 심은 것은 꽃이 안 피고 무심코 심은 버들은 그늘을 만드는 것有心栽花花不開, 無心揷柳柳成蔭"처럼 뜻밖의 우연과 돌발을 말한다. 인간의 행동이 기묘한 이유가 여기에 있다. 우리는 목표와 그 목표를 가장 효율적으로 달성할 수 있는 수단을 잘 생각해서 행동하는데, 그런 이성적인 행동으로 예상 밖의 결과가 생길 리 없지 않은가? 하지만 일상의 경험과 학술 연구를 보면 공교롭게도 예상치 못한 결과들이 생긴다.

흔하디흔한 '자기기만'

자기기만은 "이성적인 주체가 동기의 영향을 받아 어떤 신념을 형성하는 비이성적인 행위"이기도 하다. 그런데 이 말이 어딘가 모순적이지 않은가? 어떻게 능동적인 이성적 주체에게 비이성적 행위가 나타날 수 있단 말인가? 갈레오티는 동기, 의도, 출발점, 결과로 자기기만을 바라봐야 한다고 주장하며 일방적인 생각, 환각, 신념, 보이지 않는 손 등 자기기만의 네 가지 양상을 분석했다.

정식으로 사귀기 전인 썸을 타는 기간인데 연애한다고 생각하는 사람이나 예쁜 여자 사진을 보고 "나 연애한다!"라고 댓글을 다는 남성 네티즌이 있다. 이런 '일방적인 생각(wishful thinking, 희망사항)'은 순전히 혼자만의 착각이다. 사진 속 주인공은 당신이 누구인지 전혀 모르기 때문이다.

누가 당신을 보고 웃으면 '그 사람 나한테 정말 잘해. 지금도 나 보면서 웃고 있잖아'라고 생각한다. 그런데 그 사람은 사실 당신 뒤에 있는 누군가를 보며 웃었는지도 모른다. 이게 바로 '환각illusion'이다.

'신념faith'형 자기기만은 "그녀가 날 사랑하게 만들 거야"라든지 "3년 만에 대학을 졸업할 거야!"라며 굳게 믿는 것이다. 신념대로 해낼 때도 있고 그렇지 못할 때도 있기 때문에 자기기만일 수 있는 것이다. "난 노벨문학상을 받을 거야"라는 말은 백 퍼센트 자기기만이다. 무라카미 하루키처럼 수많은 작품을 쓴 작가도 아직 노벨상을 못 받았는데 문학작품도 없는 내가 어떻게 노벨상을 받을 수 있겠는가? 정말이지 황당무계한 소리다.

소위 "보이지 않는 손an invisible hand"은 원래 경제학에서 시장을 움직이는 메커니즘을 가리키는데 요즘은 우리가 모르는 사건 배후의 숨겨진 원인을 나타내는 말로 그 뜻이 확대되었다. 우리가 가끔 '하늘의 뜻'이나 '전생의 업보'라고도 부르는 '보이지 않는 손'은 어디든 갖다 붙일 수 있는 만능 해석법이다.

그런데 자기기만을 하는 사람들 중에 일부는 먼저 주변 사

신뢰는 어떻게 사기가 되는가

람에게 속아 진짜라고 믿게 된 그 '허상'으로 인해 스스로를 속이기도 한다. 또한 주변 사람들이 당신의 '자기기만'에 맞장구를 쳐서 당신이 계속 잘못 생각하게 만드는 경우도 있다. 과거에 황제들은 기본적으로 몇몇 측근에게 영향을 받아 정책을 결정하고 심리적 거리감이 있는 사람의 말은 온갖 이유를 대며 믿지 않았다. 듣기 좋은 말만 하는 사람을 곁에 두어 매일 자신감이 넘쳐흐르니 당연히 좋을 수밖에! 귀에 거슬리는 말을 하고 매일 불만을 토로하며 자신을 힘들게 하는 사람과 같이 있고 싶은 사람이 어디 있겠는가? 황제는 물론이고 우리처럼 평범한 사람도 원치 않는 일이다. 자기기만은 결코 권력 있는 사람의 전유물이 아니다!

자기기만은 불성실한 행동과 예언이다

'자기기만'이란 개념은 프랑스의 실존주의 철학자 장 폴 사르트르의 'mauvaise foi(잘못된 믿음)'에 영향을 받기도 했다. 이는 사회적 압력으로 인해 자신의 내재적 자유를 포기하고 잘못된 신념에 따라 가짜로inauthentic 행동하는 것을 말한다. 정치적으로는 "압박을 받아 자신이 믿지 않는 말을 하기"가 쉽다. 앞에서 언급한 〈벌거벗은 임금님〉과 '지록위마' 고사성어 유래가 그 예다.

그밖에 마크 냅을 위시한 학자들은 '자기기만'을 이렇게 정의한다. "동기 측면에서는 상호 모순인 지식을 알아채지 못하지만, 이 모순된 지식은 의식적으로 걸러져 심리 방어기제가 되어 초조함을 줄여주고 긍정적인 자기 고양적 편견(self-serving bias, 이기적 편향)을 유도한다."

정신의학에서는 이를 '방어기제defense mechanism'라고 부르는데, 방어로써 불안감을 감소시키는 것이다. 서로 충돌하거나 모순되는 생각을 자각하지 않으면 더 잘 살 수 있다. 다른 사람이 나의 문제나 허점을 알아차리면 초조해지는데 그 초조함을 완화하기 위해서 '긍정적인 자기 고양적 편견'을 유도하는 것이다. "사실 나는 좋은 사람이야. 그 사람들이 나를 질투해서 그러는 거라고." 이런 생각은 내가 왜 다른 사람에게 미움이나 질투를 받는지 간과할 수 있다. 나는 너무 훌륭하지만 다른 사람에게 문제가 있다고 생각하는 것이다.

위에서 정의한 자기기만은 두 가지 요소를 포함한다. 하나는 '의식consciousness 수준'이라고도 부르는 인식 수준level of awareness이고, 다른 하나는 "꼭 의도했다고 보기는 어려운 동기motivated but not necessarily intentional"다. 사전에 모의한 살인도 있지만 '묻지마 살인'도 있는 것처럼 말이다.

그렇다면 동기의 고의성 여부로 따지자면 음주운전은 '사전에 모의한 살인'에 해당할까? 나는 개인적으로 맞다고 본다. 음주운전을 하면 차로 누구를 칠지 모를 뿐이지 사람을 칠

가능성은 백퍼센트 존재하기 때문에 고정 대상이 없는 계획된 살인이다. 이런 사람은 몇 가지 원칙을 준수해야 한다. 첫째, 술을 마시면 안 된다. 둘째, 술을 마셨으면 운전하지 않거나 대리운전을 부른다. 셋째, 음주 후에는 술을 안 마신 친구 차를 얻어 타든지 택시나 다른 교통수단을 이용한다. 그래야 남에게 피해 주는 걸 막을 수 있다. 따라서 '꼭 의도했다고 보기는 어려운 동기'는 나쁜 결과를 고려하지 않았기 때문에 논의할 가치가 있다.

자기기만의 주요 원인

그렇다면 인류는 대체 무슨 목적으로 스스로를 속여야 하고 스스로를 속이고 싶어 할까? 자기기만을 하면 어떤 이점이 있을까? 《인간 상호작용에서의 거짓말과 속임수Lying and Deception in Human Interaction》를 공동 집필한 마크 냅, 매튜 맥글론, 다린 그리핀, 윌리엄 어니스트는 지금까지 연구 성과를 토대로 자기기만의 원인을 다섯 가지로 귀납했다.

1. 자존감을 높이고 자신의 이미지를 보호한다. 연구에 따르면, 자신의 자존감이 낮은 편이거나 평균치보다 낮다고 생각하는 사람은 매우 적다. 자신이 일반인보다 낮다고 생각하는 사람이 대부분인데, 이는 대개 나에 대

한 타인의 평가와 차이가 있다. 또 다른 연구에 따르면, 어떤 사건의 결과를 알고 마치 처음부터 그 일이 그렇게 될 줄 예측한 것처럼 말하는 '사후 과잉 확신 편향 hindsight bias'도 자기기만의 원인이다. 과거에 좋았던 건 미화하고 나빴던 건 잊어버리는 향수nostalgia도 있다. 특히 나이가 들어 어떤 일에든 익숙해지다 보면 지금보다 과거가 더 낫다고 느껴지기도 한다. 좋았던 일을 기억하고 괴로웠던 일을 잊는 건 인지상정이다.

2. 인지부조화cognitive dissonance를 줄인다. '인지부조화'는 미국의 유명한 사회심리학자 레온 페스팅거가 1957년 제시한 개념이다. 사람들은 대개 자기 자신이 도덕적이며 똑똑하다고 생각하는데, 일단 자신의 생각과 반대되는 정보를 접하면 심한 불안감을 느끼고 어떻게든 이런 부조화를 줄이기 위해 노력한다는 것이다.
'담배는 건강에 해롭다'를 예로 들면, 해결방법은 크게 세 가지다. 첫째, 금연. 둘째, 부조화한 사고방식을 바꾸는 것. "사실 과학 증거에는 문제가 있어. 그냥 계속 피워야지" 하는 것이다. 셋째, 새로운 사고방식을 더하는 것. "맞아, 흡연은 건강에 해롭지. 하지만 일상생활과 업무 스트레스를 해소하는 데는 도움이 돼. 그러니까 좋은 점도 있고 나쁜 점도 있는 거야"라고 생각하는 것이다.

3. 사기 기술을 향상한다. 사회생물학자 로버트 트리버스는 2000년과 2011년 연구에서 자기기만이 '남을 속이기 전에 하는 사전 훈련'이라고 주장했다. 또 수잔 에속 등이 1988년 추진한 연구에 따르면, 자기기만은 자신의 이익을 위해 남을 속여 이타 정신이나 사심 없는 행동을 보임으로써 다른 사람의 관심을 끄는 것이다.

4. 몸과 마음의 건강을 증진한다. 자기기만은 '플라시보 효과'나 '긍정적 착각positive illusion'을 일으킬 수 있다. 예를 들면 매일 아침 일어나 양치질을 하며 거울을 보고 스스로에게 목소리가 점점 커질 때까지 "넌 정말 멋져. 훌륭해"라고 말한다. 그리고 나면 왠지 모를 용기가 생기고 그날 컨디션이 좋다고 느낀다. 물론 이 방법이 백 퍼센트 효과가 있지는 않을 것이다. 경미한 질환이라면 긍정적 착각을 통해 증상이 개선될 수는 있어도 중증 질병에는 무용하다는 견해가 그나마 합리적으로 보인다. 안 그러면 긍정적 착각이 어떤 병이든 고칠 수 있는 만병통치약처럼 의학 지식으로 포장한 속임수가 될 테니까 말이다.

'장애의 역설disability paradox'도 있다. 독일의 의학자 1999년 알브레히트와 더블리저가 중증 장애인 150명을 연구한 결과, 자신의 삶의 질이 높다고 생각하는 사람이 절반 이상이었다. 하지만 여전히 피실험자의 절반 정도는 장애가 일생을 불행하게 만든 중요한 원인이라고 생각한다는 점을 잊어서는 안 된다. 이런 통계자료 해석의 속임수는 특히 더 주의해야 한다.

5. 경쟁력을 끌어올린다. 스포츠 시합 전에 코치들이 선수들을 격려하는 데 애용하는 방식이다. 1991년 조안나 스타렉과 캐롤라인 키팅이 세계수영대회에 참가한 선수들을 연구한 결과, 성공한 선수일수록 스스로를 속이는 방식을 더 자주 사용한 것으로 나타났다.

신뢰는 어떻게 사기가 되는가

자기기만을 하면 정말 즐거워질까?
긍정적 착각과 정신 건강

앞서 언급한 연구 성과 이외에 긍정적인 '착각'이 정신 건강에 도움이 된다는 주장도 있다.

심리학자 셸리 테일러와 조나단 브라운은 착각과 행복의 상관관계를 연구했다. 먼저 두 사람은 긍정적 착각을 "실제와 다르게 자기 자신에 대해 긍정적으로 생각하고 자신의 통제력과 비현실적인 낙관주의를 과장하는 것"이라고 정의했다. 예전에 심리학 문헌에서는 현실을 직시해야 정신 건강에 좋다고 했지만, 최근 연구에 따르면 자기 자신과 환경에 대한 착각이 정신 건강에 유익하다. 정신 건강까지는 아니더라도 최소한 인지,

정서, 사회적 기능에 도움을 줌으로써 이 세상이 따뜻하고 내가 생활하고 일하기에 더 적합하다고 느끼게 한다.

그런데 1994년 심리학자 랜들 콜빈과 잭 블록은 '긍정적 착각'의 판단 기준이 다른 후속 연구에서 입증되지 않았다는 점을 비판했다. 따라서 아직은 양측의 주장이 엇갈린 상태다.

경험에 따르면, 적절한 긍정적 착각은 본인에게 이롭다. 한 학생이 물었다. "교수님, 저 오늘 좀 예쁜 것 같나요?" 이런 질문에 나는 속으로 '학생, 혹시 이게 함정 문제라는 걸 몰라?'라고 생각하지만 실제로는 늘 이렇게 대답한다. "미안하지만 스승은 학생의 외모를 평가하지 않아. 자네 숙제를 평가할 뿐이지." 스스로 미남미녀라고 생각하거나 아침 식당 아주머니가 예의상 잘생긴 오빠, 예쁜 언니라고 부르는 호칭을 곧이곧대로 믿는 건 어느 정도 받아들일 수 있다. 하지만 자신이 진짜 미남미녀인 것처럼 행동하면 안 된다. 예의상 하는 말인지 아닌지를 확실하게 구분해야 한다는 뜻이다. 긍정적 착각에도 이런 분별력이 필요하다.

신뢰는 어떻게 사기가 되는가

사기꾼은 어떻게 구성되는가?
어둠의 3요소와 사기꾼 종류

자아는 대개 서로 다른 시간, 장소, 사회적 지위가 만든 역할로 구성된다. 영어로는 'role set(하나의 사회적 지위에 따르는 여러 역할)' 또는 'status set'이라고 한다. 한 사람이 소비자일 때도 있고 교사나 승객일 때도 있듯이 다양한 역할이 모여 하나의 인격을 형성하는 것으로, 나의 스승인 로버트 머튼이 1957년 제시한 개념이다.

　사기에서 사기꾼의 지위와 역할은 개인과 단체로 나뉜다. 개인의 경우 사기칠 때는 사기꾼이지만 그 외에는 누군가의 자녀이거나 친구다. 만약 단체에 들어가면 그는 사기 집단의 일원이지만, 퇴근 후에는 세븐일레븐 편의점에서 계산하려고 줄을

서는 소비자가 된다. 당신은 그가 사기 집단의 구성원이라는 걸 전혀 분간할 수 없다. 그렇다면 어떤 인격적인 특징을 갖추면 사기꾼이 되는 것일까?

사기꾼의 세 종류

연구에 따르면, 사기꾼은 다음 세 부류로 나눌 수 있다.

1. 인격 장애personality disorder: 이건 이해하기 어렵지 않을 것이다. 기본적으로 반사회성 인격 장애, 경계선 인격 장애, 자기애성 인격 장애, 연극성 인격 장애(히스테리성 인격 장애), 강박성 인격 장애를 갖는 사기꾼들이다.

2. 위조자adulterator: 이 사기꾼들은 사람의 감정을 건드리는 이야기로 당신 지갑을 열게 만든다. 정류장에서 사람을 속일 때 자기가 지금 돈이 없어 집에 못 간다는 식으로 이야기하는 것이다. 주로 인간관계, 군대, 질병, 범죄와 관련한 이야기가 많다.

3. 사기꾼 증후군(가면 증후군, Impostor syndrome): 사기꾼은 여러 신분을 사칭해 타인의 이익을 빼앗는다. 예전에 한 청년이 당시 대통령을 속였는데 탄로 난 후에도 부잣집 자제인 척 개명하고 계속 사기 행각을 이어간 사례가 있다.

어둠의 3요소

2002년 심리학자 델로이 폴리우스와 케빈 윌리엄스는 '어둠의 3요소(Dark Triad of Personality, 세 가지 어두운 성격 특성)'를 제시했다.

첫째, 사이코패스다. 보통 살인사건에서 흔히 볼 수 있지만, 사이코패스인 사람이 범죄를 저지르지 않을 때는 상식적으로 그 사람이 살인할 수 있는 사람이라는 걸 판단하기 어려울 수 있다는 점에서 일반적인 살인사건에서 나타나는 양상과 다소 차이가 있다.

둘째, 나르시시즘이다. 나르시시즘이 있는 사람은 타인의 감정이나 그 사람이 상처받을 수 있는지 없는지에 관심이 없고 자기중심적이며 언제나 자기 자신이 제일 중요하다.

셋째, 마키아벨리즘이다. 마키아벨리즘은 본인 이익을 달성하기 위해 남을 조종하는 일련의 행위를 뜻한다. 마키아벨리의 《군주론》에서 비롯한 이 용어는 현재 "목적을 달성하기 위해 수단과 방법을 가리지 않는다"로 그 의미가 축소되었다. 하지만 1장에서 언급했듯이 나는 이런 설명이 다소 부적절하다고 생각한다. 마키아벨리는 상황에 따라 다른 방법을 취해야 한다는 걸 강조함으로써 일종의 능력을 언급했다면, 사기는 사실 애초에 '의도적으로 저지른 일'이다.

심리학에서 위 세 가지 인격을 판단할 수 있는 기준이 등장
했다. 사이코패스는 1985년 로버트 헤어가 연구하기 시작했는
데, 헤어는 '사이코패스 체크리스트 개정판'을 개발하고 사이코
패스의 네 가지 요소를 분석했다.

1. 대인적(interpersonal, 대인관계와 관련된)
   말하는 데 막힘이 없고 덜 매력적이며 자부심이 지나치고
   거짓말을 일삼으며 교활하게 통제한다.
2. 정서적(affective, 감정적)
   죄책감이 부족하고 덜 감정적이며 공감 능력이 떨어지고
   행동의 결과에 책임지지 않는다.
3. 생활 방식(lifestyle)
   자극이 필요하고 쉽게 지루해지며 생활 방식이 기생적이
   고 구체적이며 장기적인 목표가 부족하고 충동적이며 무
   책임하다.
4. 반사회적(antisocial)
   행동 통제력이 부족하고 유년 시절에 문제 행동을 했으며
   비행 청소년이었고 조건부 석방이 취소되었으며 각종 범
   죄를 저질렀다.

나르시시즘과 관련해서는 1979년 로버트 라스킨과 캘빈

홀이 '자기애성 성격 척도A Narcissistic Personality Inventory'를 연구하며 나르시시즘의 여덟 가지 특성을 언급했다.

1. 자신이 대단하다고 생각한다.
2. 스스로 끝없는 성공, 권력, 영민함, 아름다움이나 이상적인 사랑을 소유할 수 있다는 환상에 사로잡혀 있다.
3. 노출증exhibitionism
4. 다른 사람의 비판, 무시, 공격에 전혀 관심이 없거나 분노, 열등감, 수치심, 모욕감, 공허한 감정을 드러낸다.
5. 자신이 특별한 대우를 받아야 한다고 생각하며 정작 갚아야 할 책임은 지지 않는다.
6. 남의 덕을 보려고 한다.
7. 지나치게 이상적이거나 억압적인 대인관계의 양극단을 오간다.
8. 공감능력이 부족하다.

나는 마키아벨리스트일까?

1970년 심리학자 리처드 크리스티와 플로렌스 가이스는 마키아벨리즘 지수를 측정하는 '마키아벨리즘 성격 테스트Machiavellian Personality Test' 진단표를 설계했다.

제목	동의	모른다	비동의
사람들은 대부분 진실하다.	5	3	1
사람들은 대부분 자기 주머니를 먼저 챙기고 그다음에 잘잘못을 따진다.	1	3	5
다른 사람의 환심을 사기 위해 그나 그녀가 듣고 싶어 하는 말을 해준다.	5	3	1
다른 사람의 존경을 받는 가장 좋은 방법은 다정하고 솔직하게 사람을 대하는 것이다.	1	3	5
다른 사람의 충성을 얻는 가장 좋은 방법은 당신에게 권력이 있다는 걸 그나 그녀에게 보여주는 것이다.	5	3	1
무조건적으로 옳고 그른 것은 없다. 할 수 있는 게 '옳은' 것이다.	5	3	1
훌륭한 대통령은 여론조사 결과를 진지하게 받아들여 국민이 원하는 게 무엇인지 발견하고 자신의 정책으로 바꾼다.	5	3	1
수많은 사람이 극단적으로 이기적이다.	5	3	1
약속을 잘 지키는 것은 신성한 믿음이다.	5	3	1
착한 사람은 남에게 잘 속는다.	5	3	1

표 3-1 마키아벨리즘 성격 테스트

측정 방식은 간단하다. 각 문항에 답하고 그 답변에 해당하는 점수를 전부 더하면 끝이다. 총점이 10점에서 23점 사이라면 마키아벨리즘과는 전혀 거리가 먼 사람이다. 혹자는 여기에 속하는 사람이 이상주의자이며 인간 본성에 대해 낙관적 태도를 유지하는 동시에 분별력이 강하다고 말할지도 모른다.

총점이 24점에서 36점 사이라면 인간 본성을 신뢰하는 데 신중한 입장이고 딱히 이상주의적인 것도 아니다. 하지만 이기적인 생각이 가끔 고상한 이상을 추구하는 데 지장을 주기도 한다는 걸 알고 있다.

총점이 37점에서 50점 사이라면 두말할 것 없이 마키아벨리스트다. 이런 사람은 현실적이고 확고한 냉소주의자다. 인간 본성을 별로 믿지 않고 마땅히 있어야 할 이상적 상황이 아니라 언제든 당장 눈앞에 닥친 현실 상황을 마주하고 처리한다.

당신이 마키아벨리스트인지 아닌지를 결정하는 기본점수는 60점이다. 점수가 60점보다 높으면 '마키아벨리즘 성향이 강한 사람High Machs', 60점보다 낮으면 '마키아벨리즘 성향이 약한 사람Low Machs'이다.

어둠의 3요소 × 빅5 성격 이론=?

2002년 심리학자 델로이 폴리우스와 케빈 윌리엄스는 '어둠의 3요소'가 서로 중복되는 부분이 있지만 결코 같지는 않다고 지적했다. 마키아벨리즘과 나르시시즘의 상관계수는 0.25(25퍼센트 관련이 있다), 마키아벨리즘과 사이코패스의 상관계수는 0.31이며, 사이코패스와 나르시시즘의 상관계수는 0.50이었다.

위 두 연구자는 '빅 파이브 성격 이론(big five personality traits, 5가지 성격 특성 요소)'과 사기의 상관관계를 알아냈다. 먼저 '빅

파이브 성격 이론'은 외향성extraversion, 친화성(agreeableness, 우호성), 자율성(conscientiousness, 성실성), 신경성neuroticism, 개방성openness으로 구성된다. 어둠의 3요소와 빅5 성격 이론의 관계를 연구한 결과 아래 네 가지 결론을 얻었다.

1. 어둠의 3요소는 친화성이 낮다. 다시 말해 같이 지내기 힘들다는 뜻이다.
2. 사이코패스와 나르시시즘은 각각 외향성, 개방성과 관련이 있다.
3. 마키아벨리즘과 사이코패스는 친화성(사회성 측정)과 역상관 관계를 보인다.
4. 사이코패스만 신경성과 관련이 있다. 사이코패스는 딱히 불안해하지 않기 때문이다.

신뢰는 어떻게 사기가 되는가

우리는 왜 사기를 당할까?
피해자 특징

《뒤통수의 심리학》에서는 마크 냅의 연구를 인용하며 사기 피해자에게 흔히 나타나는 다섯 가지 특징을 묘사했다.

1. 사회적 교류가 적다. 이런 사람은 속임수의 전형적인 특징을 잘 모르고 사기극이 돌아가는 방식에 대해서도 이해하지 못한다. 특히 뉴스도 안 보고 새로운 정보를 받지도 않는다면 그런 사기 수법이 언론에 보도되었거나 온라인에서 이미 다 퍼졌다는 사실을 알 길이 없다.
2. 어떤 중요한 목표를 달성하려는 열망은 강하지만 그 목표를 이룰 희망은 없다. 경품에 당첨되고 싶지만 기회가

없는 사람이 여기에 해당한다. 누군가 이런 사람에게 1등상인 자동차에 당첨되었다면서 꽤 큰돈을 먼저 지불해야 자동차를 수령할 수 있다는 식으로 이야기하면 그 말에 혹할 수 있다. 큰 보상이 걸려 있으면 사기가 아닌지 의심해야 한다.

3. 사기칠 수 있는 주제에 강한 흥미를 느끼고 진심으로 반응한다. 경품 당첨이나 연애 아니면 괜찮은 직위 등이 사기 주제가 될 수 있는데, 돈이 부족하거나 애정결핍인 사람, 일자리가 없는 사람이 이런 수법에 걸려들기 쉽다.

4. 자신은 똑똑하고 아는 게 많아서 절대 사기당할 리 없다고 자신만만해한다. 만약 내가 "사기 사회학을 가르치는 나를 누가 속일 수 있겠어?"라고 말한다면 사기 집단은 이런 목표를 세울지도 모른다. "쑨 교수를 한번 속여보자!" 그런데 사실 나는 잘 속는 사람이다. 사기라는 주제를 연구하는 건 나를 위해서이기도 하다. 책을 더 많이 읽고 배워서 조금이라도 덜 속았으면 하는 바람에서다. 우리는 스스로에게 남을 속이지 말라고 요구할 수 있을 뿐이지 남에게 우리를 속이지 말라고 요구하는 건 불가능하다.

5. 아무 의심 없이 다른 사람을 전문가라고 생각하고 그들 의견을 따른다. 당신에게 누가 전문가이고 전문가가 아

닌지 분간할 능력이 없을 때가 종종 있다. 만약 가족이 아파서 몇 개월밖에 못 사는데 옆에서 누가 이렇게 말하는 것이다. "특효약이 있는데 제가 그 약을 가진 사람을 알아요. 그런데 거금이 좀 필요해서 2백만 대만달러면 도와드릴 수 있어요. 병은 호전될 겁니다…." 사람이라면 누구나 가족이 완쾌하기를 바란다. 병을 고칠 수 있는 실낱같은 희망이라도 있다면 돈 2백만 대만달러가 대수겠는가? 그 돈이면 한 사람을 살릴 수 있는데 알면서도 하지 않는 건 가족을 죽게 내버려두는 꼴이 아닌가? 만약 이런 이상한 대화로 속이 시끄럽다면 당신은 사기 당할 가능성이 매우 높은 것이다. 그리고 가족이 세상을 떠난 뒤 상대방은 이런 무책임한 말을 할 수 있다. "내가 언제 무조건 살릴 수 있다고 했습니까? 당신들이 내가 시키는 대로 안 해서 죽은 거라고요." 책임을 떠넘기는 건 쉬운 일이다.

우리가 뉴스에서 자주 보는 사기 피해자들 중에는 위 내용에 부합하는 사람도 있고 아닌 사람도 있다. 그게 정상이다. 이런 정보나 실험은 정리해서 나온 결과라는 걸 잊지 말자. 몇 퍼센트 사람이 그렇다는 것이지 모든 사람이 그렇다는 이야기가 아니다. 백신 접종의 부작용이 개별 사례인 것과 마찬가지다.

연구자의 자기기만:
신을 연기하는 정신의학 실험

마지막으로 사기와 자아를 탐구하면서 신분 사칭이나 계정 도용 같은 '신분 도용identity theft'도 논의할 만한 가치가 있다. 하지만 이와 관련한 적절한 연구가 없기 때문에 이 주제와 연관된 문학·예술 작품 네 개를 예로 들겠다. 이 작품들은 이번 장에서 다룬 수많은 학술연구에 비해 일반 대중이 좀 더 쉽게 사기와 신분의 관계를 살펴보는 데 도움이 될 것이다.

첫 번째 작품은 1983년 미국 역사학자 나탈리 제먼 데이비스가 유럽 역사의 실제 사례를 근거로 쓴 《마틴 기어의 귀향The Return of Martin Guerre》과 1993년 이 이야기를 각색한 영화 〈써머스비Sommersby〉다. 영화는 이야기가 일어난 시공간을 다듬었지만, 여전히 줄거리는 신분을 사칭한 러브스토리이며 리처드 기어와 조디 포스터가 주연을 맡았다.

두 번째 작품은 2017년에 상영한 영화 〈쓰리 크라이스트 Three Christs〉인데 그렇게 유명하지는 않다. 정신과 의사가 자신이 예수 그리스도라고 믿는 정체성 장애 환자 세 명을 치료한 실화를 바탕으로 했다. 1964년 정신과 의사 밀턴 로키치는 실제 실험을 바탕으로 작성한 연구 보고서 《입실란티의 세 그리스도The Three Christs of Ypsilanti》를 출간했다. 그는 1959년 미국 미시간 주 정신병원에서 자신이 그리스도라는 망상에 빠진 환자 세 명을 대상으로 정신의학 실험을 진행한 과정을 이 책에 담았다.

원래 그는 기왕에 세 사람 모두 자신이 그리스도라고 믿는 이상 같은 병원에서 함께 치료하면 자신이 그리스도가 아니라는 걸 깨닫게 할 수 있겠다고 생각했다. 그런데 결과는 예상과 달랐다. 스포일러가 되지 않기 위해 여기에서는 말을 아끼겠다. 궁금한 사람은 직접 영화를 음미해보기 바란다.

요즘 관점에서 이 실험은 연구 윤리상 문제가 있다는 평가와 함께 많은 비난을 받기도 했다. 정신과 의사 본인도 자신이 신을 가장한 부분이 있다고 인정했다. 나는 그가 처음 이 실험을 설계했을 때는 딱히 속일 의도가 없었지만, 마지막에는 본의 아니게 속인 것 같은 결과가 나왔을지도 모른다고 생각한다.

세 번째 작품은 비교적 잘 알려진 2002년 상영 영화 〈캐치

미 이프 유 캔Catch Me If You Can〉이다. 스티븐 스필버그 감독이 연출하고 레오나르도 디카프리오, 톰 행크스 등이 출연한 이 영화는 1960년대 미국에서 여러 신분을 사칭하며 사기를 친 희대의 사기꾼 프랭크 애버그네일 주니어의 자서전을 각색해 제작한 것이다.

네 번째 작품은 2022년 넷플릭스에서 방송한 〈애나 만들기 Inventing Anna〉다. 재벌 상속녀 행세를 하며 뉴욕 사교계에서 사기 행각을 벌인 실화를 각색한 것인데, 나는 극중에 등장하는 수많은 사기 수법에 감탄을 금치 못했다.

전부 실화를 바탕으로 한 이 작품들은 이번 장의 주제와 부합한다. 다만 '자기기만' 중 일부는 자기 자신에게만 일어나는 게 아니라 연구자, 즉 권력을 가진 사람에게도 나타난다는 점을 기억하자. 예전 연구자들은 상대적으로 강한 권력과 발언권을 지니고 있었기 때문에 자주 자신이 남보다 한 수 위라는 생각에 빠지곤 했다. 심지어 본인도 모르게 타인의 상황을 멋대로 좌지우지하거나 스스로가 참된 진리의 전파자이자 신도라고 믿었다. 사람은 누구나 알게 모르게 자기기만을 할 수 있지만, 자기 손에 강한 권력이 쥐어지거나 역할을 혼동할 때는 과연 어떤 안 좋은 결과를 초래하게 될지 우려스러운 일이 아닐 수 없다.

신뢰는 어떻게 사기가 되는가

4장

아이는 거짓말을
할 줄 모른다?

"아이에게는 농담을 하면 안 된다.

아이는 아는 것이 없어 부모에게 배우고

부모의 가르침을 들을 수밖에 없다. 지금 당신이 아이를 속였으니

자식에게 사기를 가르친 것이다. 어머니가 자식을 속이면

자식은 그 어머니를 더 이상 신뢰하지 않을 것이다.

이는 아이를 교육하는 올바른 방법이 아니다."

증자

앞에서는 다 큰 성인이 타인을 속이는 것부터 자기기만에 이르기까지 말과 행동이 일치하지 않는 모습을 보여준다는 걸 주로 이야기했다. 어른은 아이 앞에서 종종 거짓말을 하는데 그게 선의의 거짓말일 때도 있고 많은 사람 앞에서 진실을 숨기려고 하는 거짓말일 때도 있다. 예를 들면 아이가 "저기 쏜 아저씨는 뚱뚱해"라고 말했을 때 어른들이 서둘러 아이 입을 막는 것이다. 학창시절에 장학사가 학교에서 참고서를 몰래 사용하는지 점검하러 온 그날도 교사와 학생 모두 너나 할 것 없이 합심해서 모든 참고서를 숨긴 것도 여기에 해당한다.

그런데 어느 국가와 문화든 아이를 가르치는 공통 원칙이 '정직'이라는 데는 대체로 동의한다. 그래서 우리는 〈피노키오〉, 〈양치기 소년〉, 〈조지 워싱턴과 체리나무(미국 초대 대통령 조지 워싱턴이 어린 시절에 아버지가 아끼던 체리나무를 손도끼로 쳐서 쓰러뜨렸는데, 화가 난 아버지가 누구 짓인지 묻자 어린 워싱턴이 솔직하게 자신의 잘못을 고백하고 칭찬을 받았다는 유명한 일화-역주)〉 같은 이야기를 통해 정직의 중요성을 강조한다. '가정'은 사람이 나고 자라는

　　　　　신뢰는 어떻게 사기가 되는가

첫 번째 장소이자 가장 먼저 접하는 '제도'다. 우리는 '집'이라고 하면 친밀함, 신뢰, 지지 등의 개념을 떠올리고 가족 구성원인 아이에게 거짓말하지 말고 정직해야 한다고 교육하는 걸 원칙으로 삼는다. 그런데 실제로 가족끼리는 거짓말을 하지 않을까? 가정은 비밀을 용납할 수 있을까?

아이가 정말 단순하고 천진난만해서 거짓말을 할 줄 모르는 걸까? 사람이 나이가 들수록 노련해지고 사회 경험도 많아서 거짓말을 꿰뚫어볼 수 있는 것일까? "쑨 아저씨는 뚱뚱해"라고 말한 상황처럼 아이는 백퍼센트 솔직해야 할까 아니면 거짓말을 할 수 있을까? 딱 잘라 말할 수 없는 문제들이다. 현명해지기 위해서는 여러 가지 상황을 고려해야 한다.

비밀의 의미:
단지 이익이 아닌 '널 위해서'일 때도 있다

퇴직하기 몇 년 전에 '사기 사회학' 강의를 세 번 개설했다. '사기'라는 단어를 사용한 건 편의를 위해서였다. 만약 '거짓말'이 가정에서 일어나면 '사기' 고발은 더 심각할 것이다. '거짓말'이라고 하기는 뭐하고 '은폐'라고밖에 말할 수 없는 것이 바로 당신에게 알려야 할 진실을 알리지 않는 경우다. 여기에는 안 좋은 결과가 따르기 마련인데, 은폐하는 이유는 놀랍게도 "모든 게 다 널 위해서"다. 특히 중국인 문화에서는 어른이 결정한 일이니 애들인 너희는 받아들이라는 인식이 있다. "모든 게 다 널 위해서"이기 때문이다. 그 말을 하는 본인은 마음이 편할지 몰라도 그 말을 듣는 사람은 속으로 이렇게 생각할 것이다. '그러

신뢰는 어떻게 사기가 되는가

지 말고 저한테 먼저 좀 물어봐주시겠어요?'

비밀을 공유하는 가족 관계

가정에서 일어나는 사기 혹은 좀 더 적절한 표현인 가정의 '비밀'을 논의하려면 먼저 사회학의 각도에서 가정의 주요 관계인 부부 관계, 친자 관계, 조손 관계를 살펴봐야 한다.

부부 관계는 가정을 구성하는 요소이며 동거인이라고도 말할 수 있다. 일부 국가에서는 동거와 부부 관계의 법적 지위가 동일하기 때문이다.

그렇다면 부부 사이에는 어떤 비밀이 있을까? 다양한 비밀이 있겠지만, 가장 흔한 건 외도일 것이다. 예전에 중화권 톱스타인 왕리훙과 전처의 복잡한 혼인 사건과 관련해서 매일 기사를 찾아보곤 했다. 요즘 말로 '팝콘 먹으며 구경'을 했던 것인데, 내게는 오락거리이기도 했지만 사회학 연구와도 관련이 있었다. 다만 뉴스에서 폭로하는 내용이 내가 가르치는 내용보다 훨씬 자세하다는 차이가 있을 뿐이었다.

가정에는 친자 관계도 있는데, 이혼 가정처럼 부모와 자식 관계만 있고 부부 관계는 없는 경우도 있다. 이혼한 사람은 "그래도 우리는 가족"이라고 말한다. 혈연관계는 한번 성립하면 결혼 유무에 따라 변하지 않기 때문이다. 밖에서 낳은 사생아도 여기에 포함된다.

조손 관계도 있다. 특히 동양에서는 조부모가 손자손녀를 키우고 가르치는 가정이 흔했다. 중국에서 실시한 '한 자녀 정책'으로 불거진 가장 큰 문제는 미래에 아이 1명이 부모, 조부모, 외조부모까지 어른 6명을 부양해야 하는 것이다.

일반적으로 가정의 비밀이 폭로되었을 때 그 주인공이 연예계나 정치, 경제계 유명 인사인 경우에는 가십거리나 식후 화젯거리가 된다. 사실 나는 오락 용도나 뇌를 훈련하는 용도로 '가십거리'를 보라고 권장한다.

나는 사회학 이론을 가르칠 때 보통 사회학자의 생애부터 이야기를 시작한다. 생활은 한 사람의 사상, 내적 논리inner logic에 영향을 주는데, 나는 특별히 그들의 정신상태가 온전한지(정신장애 경험 유무), 남녀 관계(감정 경험, 외도 유무), 유산 상속 여부(그래야 학문에 전념할 수 있다)를 주목한다. 이렇게 생활과 관련한 일들을 통해 학생들은 사회학자들의 인간적인 면모를 발견할 수 있다.

나는 남들이 '가십거리'라고 부르는 것들을 통해 그 일이 일어났을 때 그들이 왜 그렇게 행동하고 생각했는지 비교, 사고, 관찰할 수 있다고 생각한다. 동시에 가십거리를 통해서 자기 자신의 생각을 점검하기도 한다. 나라면 어떻게 생각했을까? 왜 그렇게 생각했는가? 어느 것이 진짜이고 또 어느 것이 '거짓말'인지 왜 다르게 생각해보지 않았는가?

신뢰는 어떻게 사기가 되는가

소크라테스는 "반성하지 않는 삶은 살 가치가 없다"고 말했다. 그 일이 나에게 일어나지 않았기 때문에 우리는 맑은 정신으로 탐색하고 논의하며 이성적으로 판단해 이치를 찾고 인생의 교훈을 배우는 것이다. 물론 옳고 그름을 분별하는 법을 배울 수 있다면 더할 나위 없을 것이다.

"그 앤 그냥 어린애야"
발달 단계에 따른 아이들 거짓말

전통적인 사회학에서 사회화를 언급할 때는 인간이 어떻게 덜 배우고 교화되지 않은 어린아이에서 사회규범을 학습한 사회인이 되는지를 이야기한다. 간단히 말해 자연인에서 사회인이 되는 과정을 사회화라고 한 것이다. 우리는 심리학 분야의 관련 연구를 토대로 아동의 인지 도덕 발달을 먼저 이해해야 거짓말 행위와 원인을 탐구할 수 있다.

안정적인 자아 확립이 중요한 이유

먼저 독일 출신의 미국 심리학자 에릭 에릭슨을 언급하지 않을 수 없다. 그는 '심리 사회적 발달 이론 8단계'를 제시한 것으로 유명하다. 중문 위키피디아를 토대로 정리한 도표는 표 4-1과 같다.

이 표를 통해 우리는 사람이 태어나서 죽기까지 성장 과정의 첫 번째 단계에서 '신뢰 vs. 불신'의 문제를 처리해야 한다는 걸 알 수 있다. 그래서 내가 사기와 믿음이 항상 한 쌍이라고 강조하는 것이다. 많은 사람이 아이의 믿음을 시험하려고 아이에게 농담하는 걸 즐기거나 아이의 반응을 보려고 장난치고 싶어한다. 그런 장난이 크게 문제가 되지 않는다고 생각해서다. 그런데 심리적으로 덜 성숙한 아이는 어른의 말과 행동이 진심인지 장난인지 확실히 분간하지 못한다. 따라서 아이의 인지와 도덕성 발달에 큰 혼란을 야기할 수 있는 만큼 그런 행동은 자제하길 바란다.

《한비자》〈외저설좌상外儲說左上〉편에 나오는 이야기다. 공자의 제자 증자의 아내가 물건을 사러 갔다. 그런데 아이가 따라와서 울고불고 난리를 피우자 집에 가서 돼지를 잡아주겠다며 아이를 달랬다. 집에 온 아내는 돼지를 잡으려는 증자를 보고 놀라더니 아이를 구슬리려고 둘러댄 말이었다며 진지하게 받아들일 필요 없다고 말렸다. 그러자 증자가 엄숙히 말했다.

"아이한테 농담을 해서는 안 되오. 부모는 아이의 모범이라 아이를 속일 수는 없소. 말한 대로 하지 않으면 아이에게 남을

대략적인 나이	덕목	심리 사회적 위기	중요한 관계	존재 질문	예
0~2세	희망	신뢰 vs. 불신	엄마	나는 이 세상을 신뢰할 수 있는가?	음식 먹이기, 유기
2~4세	의지	자율성 vs. 부끄러움과 의심	부모	내가 나다워져도 되는 것일까?	배변 훈련, 스스로 옷 입기
4~5세	목적	자발성 vs. 죄책감	가정	나 자신을 위해 이동하고 행동해도 괜찮을까?	탐색, 도구 사용이나 예술 창작
5~12세	능력	근면 vs. 열등감	이웃, 학교	나는 전 세계 사람과 사물을 위해 무슨 일을 할 수 있는가?	학교 행사, 운동
13~19세	충실	신분 vs. 역할 혼동	또래, 역할 모델	나는 누구인가? 나는 무엇이 될 수 있는가?	인간관계
20~39세	사랑	친밀 vs. 고립	친구, 파트너	나는 사랑할 수 있는가?	친밀한 관계
40~64세	관심	애정 어린 관심 vs. 쇠퇴하고 정체됨	가정, 동료	내가 생각하는 인생을 어떻게 완성할 것인가?	일, 동료
65세~사망	지혜	완전무결 vs. 비관적이고 의기소침	사람, 나와 같은 부류	나다워지는 과정이 만족스러운가?	인생 회고

표 4-1 심리 사회적 발달 이론 8단계
(자료 출처: 중문 위키피디아)

신뢰는 어떻게 사기가 되는가

속여도 된다고 가르치는 것이나 다름없소. 아이가 부모를 믿지 않으면 제대로 교육할 수가 없다오."

그러고는 증자는 약속대로 돼지를 잡아먹었다.

첫 번째 단계에서 아이와 가장 중요한 관계인 사람은 '엄마'이며, 존재하는 질문은 "나는 이 세상을 신뢰할 수 있는가?"이다. 최근 들어 유행하는 '애착 이론attachment theory'도 성인일 때 생기는 다양한 인간관계 문제를 부모나 보호자가 아이를 보살피던 그 시기로 거슬러 올라가 설명한다.

따라서 '애착 이론'에 근거해서 나온 세 가지 '애착 유형'을 간단히 살펴보자. 첫 번째 '안전형'은 사람과 대인 교류를 신뢰하는 편이다. 이와 대립하는 '도피형'은 사람과 어울리는 걸 두려워하고 그다지 내켜하지 않는다. 안전형과 도피형의 중간인 '불안형'은 믿어야 할지 말아야 할지 끊임없이 망설이며 결정하지 못하고 불안해한다.

13~19세 청소년기가 되면 "나는 누구인가? 나는 무엇이 될 수 있는가?"처럼 자아정체성을 묻는 것으로 질문이 바뀐다. 내가 고등학교 시절에 쓰던 일기처럼 매일 "아무개는 나를 이러 저러한 사람으로 생각하는데 나는 전혀 그런 사람이 아니다"라고 쓰며 나에 대한 다른 사람의 의견을 신경 쓰고 자아정체성에 혼란을 겪는다. 아시아권 청소년은 거의 대부분 학업에 짓눌려 있고 기본적으로 정해진 틀 안에서 생활한다. 개성이 강하고 정

해진 틀을 벗어나면 오히려 문제가 되어 개성 발달을 제한하는 결과로 이어질 때도 있다. 심리 사회적 발달 이론에서 청소년기인 13~19세 단계는 확실히 자아정체성 문제를 해결하지 못한 상태다.

나는 연구를 하면 할수록 12세부터 22세까지가 인생에서 가장 특수한 단계라는 생각이 든다. 12세에 초등학교를 졸업하고 22세에 대학교를 졸업하는데, 이때가 감정, 이성, 의지를 발전시키는 데 가장 중요한 시기일지도 모른다. 인격체로서 조금씩 형태를 갖춰가는 단계이기 때문이다. 이 시기에 제대로 배우지 못하면 어느 면에서든 평생 방황하고 무기력하며 개성이 없고 자신이 무엇을 하고 싶은지 모르는 사람이 될 수도 있다. 설령 일자리를 찾더라도 안정적인 자아를 확립하지 못했기 때문에 정서적인 문제나 인간관계의 어려움이 평생 발목을 잡을지도 모른다.

어떻게 아이의 도덕성을 발달시키는가

이어서 하버드대학교 심리학과 교수 로렌스 콜버그의 유명한 '도덕성 발달 6단계 이론'을 살펴보자. 여기에서도 중문 위키피디아에서 정리한 내용을 활용하겠다.

신뢰는 어떻게 사기가 되는가

1. 도덕적 규범 형성 이전(전 관습적 수준, Pre-conventional)

(1) 처벌과 복종의 단계(처벌을 피하려고 복종)

우리는 왜 복종하는가? 처벌을 피하고 싶기 때문이다.

(2) 이기주의 단계(공리功利에 따르며 상대적)

한마디로 "내게 어떤 이점이 있는가?"인데 국가나 성별에 따라 조금씩 차이가 있다. 미국 심리학자 캐럴 길리건은 명저 《침묵에서 말하기로In a Different Voice》에서 콜버그의 연구 대상이 전부 남성이었고 여성은 어려서부터 다른 사람을 배려하도록 훈련을 받았기 때문에 자아가 없는 여성이 많다고 지적했다. 길리건은 '배려 윤리ethics of care'를 강조한다.

여성주의가 등장하기 전에는 남자아이에게만 교육하는 '이기주의'가 있었고, 여자아이는 순종하며 남을 배려해야 했다. 그래서 전통 교육에서 남자아이는 넘어지면 울지 말고 견디라는 말을 들은 반면, 여자아이는 넘어지면 여자니까 울어도 된다는 말을 들었다. 그런데 요즘은 시대가 바뀌어서 남자가 우는 게 문제가 되지도 않고 남자다움을 잃는 것도 아니다. 예전에는 남학생이 울면 무슨 못할 짓이라도 한 것처럼 여기고 같은 반 친구, 교사 할 것 없이 모두가 합심해서 그 학생을 깔보곤 했다.

2. 도덕적 규범 형성기(관습적 수준, Conventional)

(3) 원만한 인간관계와 일치(인정 추구)

이는 '착한 아이 단계'로, 다른 사람과 같아야 공감대를 찾을 수 있다. 분명히 이 고비를 넘기지 못했음에도 불구하고 자기 생각을 고집하고 본인 나름의 이유도 가지고 있는 사람도 있다. 만약 당신이 그렇다면, 설령 나를 방해하더라도 나는 당신을 존중하고 당신도 나를 존중해야 한다.

(4) 권위와 사회 질서 보존 단계(사회 체제)

'법률과 질서 단계'로, 사회에 순종하는 법을 배우고 사회 체제를 위반하는 사람이 누구든 당신은 그를 비난할 책임이 있다고 생각한다. 대만 페이스북 커뮤니티 '바오랴오궁서爆料公社'는 소위 '정의마인正義魔人, 사회운동에 적극 참여하고 페미니즘, 환경보호, 인권, 다문화주의 등 진보적 견해를 가진 사람을 가리킨다 – 역주)'과 비슷하거나 혹은 정의마인까지는 아니더라도 사회정의를 수호하는 일이 모든 시민에게 꼭 필요한 책임이라고 여기는 것 같다. 그런데 역설적이게도 이런 사람이 다수에게 미움을 받는 경우가 많다.

3. 도덕적 규범 형성 이후(후 관습적, Post-conventional)

　(5) 사회계약 단계

　(6) 보편 윤리 원칙(원칙과 양심 단계)

　그런데 화목, 권위와 질서 수호가 '내부고발자'와 대체 무슨 차이가 있는지 의문이 든다. 학창시절에는 규율 반장(중국어로는 '風紀股長'이라고 하며 학교나 조직에서 규율을 관리했다 - 역주)이 있어서 수업 시간에 누가 떠들면 선생님에게 쪼르르 달려가 고자질을 했다. 언젠가 미국인에게 이 이야기를 해줬더니 적잖이 놀란 눈치였다. 질서를 유지하는 건 교사의 몫이고 학생 본분은 공부인데 왜 학생에게 교사의 일을 시켜 같은 반 친구들을 배신하게 하는지, 그리고 왜 그 학생을 다른 사람과 다르게 만드는지 모르겠다는 반응이었다. 그제야 나는 어쩌면 그 규율 반장이 '내부고발자'의 근원일지도 모른다는 생각이 들었다. 교사는 학생이 질서를 유지하는 게 교사와 같은 반 친구를 대신해서 하는 봉사라고 생각한다. 이런 집단 문화가 있는 사회에서는 규율 반장이 하던 그런 행동이 다른 사람 인권을 해치는 게 아니라 무리에서 겉도는 사람이나 범죄자를 색출하는 일이라서 마땅히 해야 한다고 여긴다.

　따라서 한 사람이 나서서 시민 사회 정신으로 사회정의를 유지해야 할 때가 언제인지, 그 사람이 언제 내부고발자로 변하는지는 논의해볼 만한 문제다. 사회적 사건과 관련한 뉴스가 나올 때마다 나는 누가 어떻게 해야 한다거나 누가 처벌받아야 한다는 게 아니라 우리 사회에 특정 개인을 겨냥하는 대신 제도적인 문제를 제대로 논의할 기회가 있는지 없는지 생각해본다.

아이의 거짓말에 영향을 주는 요소

캐나다 토론토대학교 응용심리학 교수 리캉李康은 2016년 테드TED 강연에서 아이들의 거짓말 문제를 이야기했다. 그는 2013년 연구에서 영국 철학자 존 오스틴의 '언어행위 이론speech act theory'을 인용했다. 1962년 존 오스틴의 명저《말과 행위How to Do Things with Words》에서 소개한 이 이론은 언어가 의지뿐만 아니라 태도까지 전달하며 언어의 기능이 매우 포괄적이라고 본 것이다.

오스틴은 언어가 단순한 사태state of affair 묘사가 아니라 행위자의 의도에 영향을 받아 사회적 기능을 촉진하는 행동이라고 주장했다. 언어는 듣는 사람이 상응하는 행동을 취하게 하는 사회적 행동 도구라는 것이다.

리캉은 '언어행위 이론'을 아이들의 기만행위 연구에 응용하며 아이의 기만행위에 영향을 미치는 두 가지 요소를 강조했다.

1. **고의성**intentionality: 의도, 욕망, 신념 등 심리상태를 가리킨다. '마음 이론theory of mind'이라고 부르는데, 여기에서 '마음'을 '생각'으로 번역해도 좋다. 일차순위 마음 이론first-order degree theory of mind은 아이가 한 말을 가리키고, 이차순위 마음이론second-order degree theory of mind은 연구자가 아이의 거짓말을 근거로 그 아이가 왜 그렇게 생각했는지 판단하는 것이다.

2. **규범성**conventionality: 사회규범을 가리킨다. 선물을 받을 때는 예의를 갖춰야 한다든지 감사하다고 말해야 한다는 것 등이 그 예다.

리캉은 아이의 성장과정은 '판단하는 법'을 배우는 과정이며, 어떤 사회적 맥락에서 솔직하게 말할지 아니면 거짓말을 할지를 선택해야 한다고 했다. 그렇지 않으면 심각한 결과를 초래한다는 것이다. 따라서 아이가 거짓말을 하느냐 안 하느냐가 중요한 게 아니라 언제 거짓말을 해야 하고 언제 거짓말을 하면 안 되는지, 그리고 그 '언제'라는 정확한 타이밍을 판단할 줄 아는 것이 중요하다는 것이다.

이는 유교사상에서 말하는 '권변'과 기본적으로 동일하다. 당신이 개인적인 이익을 취하기 위해 어떤 입장도 취하지 않는다면, 인격이 고상하다고 말하기는 어렵다. 하지만 공공의 이익이 목적이라면 그런 권변은 칭찬할 만하다. 《역경》에는 "진퇴존망의 이치를 알아서 그 바름을 잃지 않는 사람은 오직 성인뿐이다知進退存亡而不失其正者, 其唯聖人乎!"라는 말이 나온다. 진퇴존망과 관계없이 당신 목에 칼이 들어왔을 때 당신은 진실을 말할 것인가 아니면 시키는 대로 순순히 따를 것인가? 이것이야말로 진정한 시험이다. 리캉의 연구 결론은 깊이 생각해볼 만한 가치가 있다. 우리는 대개 도덕적 관점에서 아이의 거짓말 문제를 살펴보기는 해도 거짓말을 하는 아이가 거짓말한 상황에 대해서는 고려하지 못한다. 그런데 사실은 그보다 거짓말을 하는 시기와 안 하는 시기를 정확하게 구분할 수 있도록 우리가 제대로 아이를 가르치고 있는지가 더 중요한 문제다.

말보다 행동으로 가르치는 게 더 중요하다

심리학자 첼시 헤이즈와 레슬리 카버의 2004년 연구에 따르면, 거짓말에 속은 적이 있는 취학 연령 아동은 실험 대상에게 거짓말을 쉽게 하는 편이고 자신의 거짓말 행위에 대해서도 거짓말을 했다. 반면 미취학 아동은 실험 전에 속은 경험이 있어도 염탐 여부와 거짓말 여부에 차이가 없었다. 다시 말해 어른의 거짓말을 관찰한 아동은 본인도 쉽게 거짓말을 한다는 소리다.

진실을 말하든 거짓말을 하든 어느 쪽이라도 벌을 받을 수 있다는 걸 관찰한 아이는 곤란해한다. 사실 '곤란해한다'는 표현은 예의를 차려서 한 말이고, 실제로는 곤란해하기는커녕 거짓말로 대충 넘어갈 가능성이 높다. 사람들은 대개 이런 식으로 성장한다. 너무 심각한 거짓말만 아니면 된다든지 남에게 들키지만 않으면 된다고 여기는 것이다. 심지어 들키지 않으면 거짓말이 아니라고 잘못 생각하는 사람도 있다.

예를 들어 엄마가 "이 이모 진짜 젊지 않니?" 하고 물었다. 만약 "엄마가 저번에 이모가 나이 들어 보이고 못생겼다고 하지 않았어요? 얼굴에 주근깨가 그득하다고 흉봤잖아요"라고 대답했다면 세뱃돈이 부쩍 줄어들지 않을까? 이번에는 아빠가 이렇게 말했다. "쑨 아저씨 오셨어." "아, 저번에 아빠가 뚱뚱하다고 했던 그 아저씨요?" 이는 눈치껏 알아서 말할 줄 모르는 철없는 아이의 말이지만, 아이 아빠가 쑨 아저씨가 뚱뚱하다는 말을 했거나 실제로 쑨 아저씨가 뚱뚱하다는 것만큼은 분명하다.

그런데 만약 좀 더 영리하고 인지 능력이 뛰어난 아이라면 이렇게 말할 것이다. "아, 아는 게 많으시다던 그 아저씨군요." 그 말을 들으면 내가 얼마나 신이 나겠는가? 세뱃돈이 두둑해지는 건 당연지사다. 이렇듯 진실을 말하는 게 좋은 결과로 이어지지 않을 때도 있다. 이는 굳이 내 수업을 듣지 않더라도 알 거라고 믿는다.

거짓말 분류	정의	발전 시기	거짓말 유형	개방식 연구 질문
반사회적	이기적인 거짓말 (자신의 이익과 남을 해치기 위한 목적으로 잘못한 일을 부인한다.)	빠르면 2세부터 부인한다.	상을 받기 위해 하는 거짓말, 성가신 일을 피하거나 타인을 벌하기 위한 거짓말	반사회적 거짓말 행위는 어떻게 시간에 따라 발전했는가? 어느 시점에서 반사회적 거짓말이 '문제가 되는 거짓말'로 바뀌는가? 이런 거짓말들은 어떻게 발전했는가? 누구를 위해 발전했는가?
친사회적	다른 사람 이익을 위한 거짓말 (예: 예의를 표하기 위해, 혹은 다른 사람, 이타적인 목적으로)	빠르면 3세부터 동기를 보고 정한다.	자신을 희생하는 일이 생기더라도 예의를 나타내거나 다른 사람을 위해서 하는 거짓말	초기의 친사회적 거짓말은 정말 사회에 유리할까? 이런 거짓말은 다른 사람을 귀찮게 하거나 문제가 일어나지 않도록 막아준다. 이러한 친사회적 거짓말과 반사회적 거짓말은 비슷한 발전 궤적을 보일까? 친사회적 거짓말에 '문제'는 없을까?
1급	고의적으로 거짓말을 한다. 규칙 위반을 부인하고 말썽을 일으킨 사실을 피한다.	2~3세이지만 흔하지는 않다.	부인하거나 소소한 거짓말을 하는 경향이 있다. 일부러 한 가벼운 거짓말에 불과할 수 있다.	이런 행위가 정말 거짓말에 해당할까? 이 거짓말은 정말 고의적일까? 아이는 거짓말을 할 때 정말 자신이 거짓말을 하고 있다는 걸 알까? 안다면 어느 정도까지 아는 걸까?
2급	자신의 잘못을 감추기 위해 언제든 거짓말을 할 준비가 되어 있다.	4세	다른 사람이 진짜라고 믿게끔 일부러 거짓말을 할 능력이 있다.	왜 이런 방법에 꾸준히 의존하는 아동들이 있을까? 이게 효과적인 정서 관리와 관련이 있을까?

신뢰는 어떻게 사기가 되는가

| 3급 | 7~8세 | 부인한 후에도 사람들이 계속 진짜라고 믿게 만들 수 있다. 갈수록 거짓말이 들통나기 어려워진다. | 아이는 '더 교묘한' 거짓말 기술을 익히고 나서 언제를 거짓말할 타이밍으로 선택할까? 아이의 이런 거짓말 능력은 5세부터 7세까지 변화하는 것과 관련이 있을까? |

표 4-2 아동의 거짓말 유형
(자료 출처: Victoria Talwar & Angela Crossman[2011:146])

　　심리학자 빅토리아 탤워와 안젤라 크로스먼의 2011년 연구에서 아동의 거짓말 유형을 반사회적과 친사회적, 1급~3급으로 나누어 표 4-2와 같이 정리했다.

　　이밖에 심리학자 로버트 펠드먼, 제이슨 토마시안, 에릭 코츠 세 사람의 1999년 연구에 따르면, 11~16세 청소년 중 일부는 거짓말에도 정도가 있다는 걸 배우고 사교적인 청소년이 그렇지 못한 청소년보다 속임수에 능했다. 또 연령으로 보면 연소자보다 연장자가, 같은 연령에서는 남자보다 여자가 속임수에 능했다. 따라서 사교성이 좋고 나쁜 정도가 거짓말을 잘하는지 못하는지 여부와 꽤 관련이 깊다는 판단은 거짓말이란 도덕적 측면만 따져서 간단하게 인정할 수 있는 문제가 아님을 드러내는 것이기도 하다.

더 영리하고 정교해지는
사춘기 거짓말

아동기를 지나면 청소년은 정교해진 추리로 거짓말이 자신에게 유리(비용편익분석, 간단하게 가성비라고 부른다)한지 아닌지를 판단한다. 청소년은 거짓말이 탄로날까 봐 걱정하기도 하지만 거짓말이 탄로난 상황과 결과에 대해서도 걱정한다. 친구, 부모, 교사의 의견 등을 걱정하는 것이다. 탄로날 가능성이 낮더라도 청소년은 거짓말의 이해득실을 따져보고 거짓말을 주저할 수도 있다.

요즘 청소년들은 태어날 때부터 인터넷에 노출된 세대인 반면, 부모들은 청소년 시기에 인터넷이 없었다. 그래서 부모가 온라인 세상을 낯설어한다는 점을 악용해 속이는 경우도 적지 않다.

2013년 백신 프로그램 업체 맥아피McAfee는 청소년의 인터넷 행위를 연구한 〈디지털 사기: 부모와 자녀의 온라인 연결 단절 탐구Digital Deception: Exploring the Online Disconnect between Parents and Kids〉에서 1천 명이 넘는 청소년과 부모를 대상으로 인터넷 행위를 조사했다. 청소년 중 86퍼센트는 본인이 방문한 SNS가 안전하다고 믿었고 인터넷에서 개인정보를 공유하려면 위험을 감수해야 하는 걸 알고 있었다. 그런데 청소년의 50퍼센트는 자신의 이메일 주소를, 32퍼센트는 전화번호를 제공했으며, 48퍼센트는 부모가 반대할 사이트를 방문하고, 29퍼센트는 불법 다운로드 사이트를 통해 음악을 듣고 영화를 감상했다.

아이가 몰래 저지른 일 중에 가장 극단적인 사건은 역시 범죄행위다. 어떤 사건이 일어날 때마다 당사자 부모는 언론에 이렇게 말한다. "우리 애 착해요." 그리고 이웃들은 "그렇게 착하고 얌전한 애가 그런 일을 저질렀을 리가 없어요"라고 한다. 증거가 확실하면 부모는 이게 다 나쁜 친구를 사귄 탓이라며 이내 말을 바꾸고 자기 자식이 잘못을 저질렀다는 사실은 절대 인정하지 않는다. 자주 봐서 우리에게는 이미 익숙한 장면이다.

인터넷이 생기고 나서 부모와 자식이 서로 이해하지 못하는 부분이 많아지고 비밀이나 거짓말도 덩달아 늘어난 것 같다.

소년의 마음은 참으로 복잡하도다!

위 연구를 통해서도 알 수 있듯이 청소년의 약 70퍼센트가 인터넷에서 한 자신의 행동을 숨긴 경험이 있었다. 단순한 청소년기 반항일 때도 있지만, 사실은 특별히 뭔가를 한 게 아닐 수도 있다. 문제의 핵심은 인터넷에 대한 부모의 인식이 부족하다는 데 있다. 엄마들이 컴퓨터를 배우는 건 아이를 페이스북 친구로 추가하기 위해서다. 아이가 이미 엄마를 차단한 상태라 다른 계정으로 아이를 감시하려는 것이다.

학부모를 대상으로 강연할 기회가 종종 있었다. 왜 솔직하게 아이와 소통하지 않고 다른 사람인 척 계정을 사용하느냐, 그건 아이를 속이는 것이라고 말하자 학부모가 대답했다. "아이가 저랑 말을 안 해요." 그렇다면 왜 그런 지경이 되었는지 원인을 찾아 거슬러 올라가야 한다. 아이가 왜 당신과 얘기하려고 하지 않을까? 아이와 얼굴을 마주 보며 소통하는 방법의 중요성을 간과하고 우회적인 방법을 쓰는 걸 보며 나는 한숨이 절로 나왔다.

다양한 연령대 사람들이 거짓말을 하거나 사기치는 원인을 정리한 다른 연구들을 이어서 살펴보자.

《인간 상호작용에서의 거짓말과 속임수》에서는 엄마와 교사가 생각하는 4세 아동의 거짓말 원인을 정리했는데, 각 원인이 차지하는 비중은 1퍼센트 이하부터 40퍼센트 이상까지 다양했다. 벌 받는 게 무서워서, 철이 없어서, 단순히 재미로 아니면 망상에 빠져서, 소원을 이루려고, 자신의 이미지를 보호하기 위해, 비위를 맞추려고, 농담으로, 말썽을 부리려고, 누군가를 보호하기 위해서, 심지어 원인을 모르는 경우도 있었다.

그런데 이런 원인들은 교사와 엄마의 생각에 기반한 것이지 당사자인 아이의 생각을 우선한 게 아니다. 연구법상 이는 타인 보고other report이지 자기 보고self report가 아니다. 왜냐하면 아직 자기 보고를 할 수 있는 상태가 아닌 아이들이 있을 수 있기 때문이다. 따라서 이런 연구 성과도 신중하게 대할 필요가 있다.

일부 학자의 관련 연구에 따라 사춘기 거짓말의 원인을 아래 몇 가지로 귀납했다.

첫째, 처벌을 피하기 위해서다. 이는 어린 아이가 거짓말하는 원인과 같다.

둘째, 또래 집단의 관계과 관련되어 있기 때문이다. 예를 들면 "내가 대단하다는 걸 보여주며 인기를 얻고 또래에 흡수되기 위해", "개인의 경험을 과장하거나 거짓으로 꾸미기 위해", "다른 사람에 관한 부정적인 이야기를 지어내고 자신과 그들의 관계를 적극적으로 해명하기 위해", "비밀을 지키거나 친구와 의리를 지키기 위해(친구를 배신하지 않기 위해), 심한 경우 친구 대신 총알받이가 되기 위해"서다.

거짓말 연구로 잘 알려진 미국 심리학자 에크만M. A. M. Ekman의 1989년 연구에 따르면, 누가 교실 녹음기를 망가뜨렸는지 알아도 질문을 받았을 때 친구를 '배신하는' 청소년의 비중이 3분의 1도 채 되지 않았다.

1969년 허버트 하라리와 존 맥데이비드는 두 학급을 대상으로 고자질finking 실험을 진행했다. 한 반에서는 딱히 눈에 띄지 않는 학생, 다른 한 반에서는 출중한 학생을 골라 선생님이 교실에 없을 때 강단에서 돈을 가져가게 했다. 같은 반 친구들을 단독으로 불러 인터뷰했을 때는 모든 학생이 솔직하게 돈을 가져간 친구를 지적했다. 그런데 조별로 인터뷰를 했을 때 딱히 눈에 띄지 않는 학생은 종종 거명된 반면, 출중한 학생의 이름은 언급되지 않았다. 다른 사람과 분리해서 따로 심문해야 하는 이유가 바로 여기에 있다. 다른 사람과 같이 있을 때 질문하면 공모해서 허위 진술을 하거나 다른 사람 눈치를 볼 수 있기 때문이다. 저 사람도 말을 안 하는데 내가 어떻게 입을 열겠어, 라고 생각하는 것이다.

셋째, 권위 있는 인물과 관련되어 있기 때문이다. "숨기거나 속여서 권위 있는 인물과 세력을 엇비슷하게 키우기 위해서"

라거나 "네가 안 물어봤으니까 말하지 않은 거야"라는 식의 '누락된 거짓말lie of omission'이 그 예다.

1964년 출판되었다가 1982년 재판된 《아이들은 왜 실패하는가How Children Fail》에서 저자 존 홀트는 교실에서 권위를 잘못 사용하면 학생들에게 부정적인 영향을 끼칠 수 있다고 지적했다. 가끔 교사들이 스스로를 옳다고 여기며 아이에게 자신이 전지전능하고 이성적이며 정의롭고 실수 한 번 하지 않는 신인 것처럼 굴 때가 있다. 이는 우리가 스스로를 속이는 가장 큰 거짓말로서, 권위 있는 사람은 아동 앞에서 더욱 신중하게 행동해야 한다는 깨달음을 주기도 한다.

마지막으로, 청소년의 자주성과 독립성이 갈수록 높아지기 때문이다. "성장 경험을 가족과 공유하고 싶지 않다"거나, "부모를 걱정시키지 않으려고 혹은 부모의 잔소리를 듣기 싫어서 거짓말을 한다"거나, 혹은 "어른의 세계에서 신의성실 원칙을 지켜야 한다는 걸 배운 것"이다. 일반적으로 초등학교까지는 선생님이 중요하고 다들 선생님 말을 들었다. 그런데 중학교 이후부터는 친구가 중요해지고 선생님보다 같은 반 친구의 말을 잘 듣는다. 특히 또래 집단에서는 모두가 우러러보는 대단한 친구들의 말을 듣는 것이다.

난 어떻게 해야 할까?
아이 거짓말에 대처하는 전략

지금까지 수많은 거짓말 연구를 살펴봤는데, 그렇다면 아이가 거짓말을 한다는 걸, 게다가 갈수록 거짓말이 진화한다는 걸 알게 된 부모는 어떻게 해야 할까?《인간 상호작용에서의 거짓말과 속임수》는 다섯 가지 대책을 제안한다.

1. 아동의 발달 단계가 변화함에 따라 반응을 달리한다. 다시 말해 한 가지 방식을 끝까지 고수하는 게 아니라 부모와 자식이 서로 원활한 소통을 유지하며 유연하게 방법을 조정하는 것이다.

2. 이중 기준의 효과를 고려한다. 한마디로 '솔선수범'이다. 아이가 하지 않았으면 하는 일과 당신 스스로 해서는 안 되는 일이 같아야 하는 것이다.

3. '눈에 보이는 몸부림 struggling visibly' 효과를 고려한다. 학부모 자신이 잘못된 선택과 맞닥뜨렸을 때 그 상황을 오히려 아이를 교육할 수 있는 기회로 삼는다. 앞으로 비슷한 일이 생겼을 때 어떻게 해야 하는지 아이에게 알려주는 것이다. 예를 들어 당신에게 거짓말을 하지 않으면 안 되는 상황이 주어졌다고 하자. 그러면 거짓말을 하고 나

서 무엇 때문에 그렇게 했는지 아이에게 설명해야 한다. 자신의 잘못을 합리화하지 말고 A와 B를 선택했을 때 각각 어떤 결과가 생길지 고민한 과정과 선택한 이유를 설명한 다음, 살다 보면 반드시 취사선택을 해야 할 때가 있다는 걸 아이에게 알려주는 것이다.

4. 상호이익 효과를 고려한다.

5. 극단적인 정서반응emotional response 효과를 고려한다.

아이의 거짓말에 대해 어떤 처분을 내려야 할지는 수많은 학부모의 골칫거리다. 우리 같은 대학교수들은 학생들이 시험 볼 때 부정행위를 하거나 보고서를 표절하는 게 아니고서는 이런 고민이 덜한 편이다. 그런데 아이를 가르칠 때 사람을 속이지 말고 언제나 진실만 말해야 한다고 가르치면 안 된다고 생각한다. 설령 그렇게 말했다고 해도 학교에 가거나 사회를 나와서 사람들과 교류하다 보면 거짓말을 배울 수밖에 없기 때문이다. 거짓말이 생활에 적응하는 데 필요한 수단일 때도 있으니 말이다. 앞으로 사회생활을 하면서 살아가는 데 큰 지장이 없는 소소한 거짓말들은 해도 크게 상관이 없다. 별거 아닌 작은 거짓말에도 도덕적 결벽증을 보인다면 사람들과 어울려 살아가기 힘들기 때문이다.

따라서 "절대 거짓말을 하면 안 된다"는 명제는 가능하지도 않고 그럴 필요도 없다. 다만 거짓말을 해도 괜찮은 때와 남에게 피해를 주는 경우에는 거짓말을 하면 안 된다는 걸 아이에게 이해시키는 것이 관건이다. 원칙적으로는 거짓말을 하면 안되지만, 언제나 예외는 있는 법이다. 정말 특수한 상황에서는 요령껏 거짓말을 할 수도 있겠지만, 남에게 피해를 주면 안 된다. 마지노선은 지켜야 하는 것이다.

《논어》〈헌문憲問〉편에도 이런 말이 있다. "사회와 정치가 맑고 깨끗하게 돌아갈 때는 정직하게 말하고 행동하면 되지만, 사회가 깨끗하지 않으면 똑같이 정직하게 행동하되 말은 함부로 내뱉지 말고 신중해야 한다邦有道,危言危行; 邦無道,危行言孫." 공자의 교훈은 지금도 여전히 참고할 만한 가치가 있다.

생강은 여문 것이 맵다:
과연 나이 들수록 거짓말에 민감해질까?

아이가 한 거짓말이면 쉽게 알아차릴 수 있을까? 우리 같은 성인 대부분은 그렇다고 생각한다. 세상물정 모르는 아이가 한 거짓말이니 쉽게 알아차리는 건 당연하며, 거짓말 기술은 나이와 관련이 있고 사람이 성숙해질수록 거짓말을 간파하는 능력도 향상한다고 여긴다. 그런데 연구 결과도 과연 그러할까?

거짓말 탐지 기준: 눈빛, 웃음, 목소리 톤, 몸짓

일단 3세 아동부터 20세 성인까지 거짓말 탐지 능력은 나이를 먹을수록 좋아진다. 하지만 거짓말 탐지 능력이 없는 사람이 무려 50퍼센트가 넘고, 심지어 전문적으로 거짓말을 탐지하는 사람도 우리 같은 일반인보다 능력이 그렇게까지 뛰어난 건 아니다. 기본적으로 확률이 50 대 50인 동전 던지기와 별반 다를 게 없다.

보통 남자보다 여자가 거짓말을 쉽게 알아차린다. 사람들은 대개 여자가 단순하고 쉽게 잘 속아 넘어간다고 생각하지만, 1982년 벨라 데파울로, 오드리 조던, 오드리 어빈, 패트리샤 레이저의 연구는 다른 결과를 보여주었다.

5세부터 10세까지 아동은 한 살 한 살 나이를 먹으면서 말과 행동이 일치하는지 아닌지를 더 잘 알아차렸다. 당신이 아이에게 거짓말을 시도한다면, 그 아이는 자라면서 더욱 능숙하게 당신의 거짓말을 알아차릴 것이다.

이밖에 알레호 프레이레, 미셸 에스크릿, 리캉의 2004년 연구에 따르면, 4~5세 아동은 눈빛을 보고 상대방이 무언가를 감추고 있는지 아닌지 판단한다. 거짓말을 탐지할 때 눈빛, 미소, 목소리 톤을 단서로 삼기도 한다. 일찍부터 사람들은 눈빛이 거짓말 여부를 판단하는 좋은 기준이라는 걸 발견했다. 눈빛에서 내면 상태가 드러난다고 생각하는 사람들이 많은데, 그래서 눈을 '마음의 창'이라고 하는 것이다. 맹자도 "상대방이 어떤 생각을 하는지 알려면 그 사람의 눈빛이 반짝이는지 아닌지를 보면 된다 存乎人者 莫良於眸子"고 했다(《맹자》〈이루상離婁上〉). 그런데 현대인은 대부분 근시라 내가 알아낼 수 있는 건··· 상대방이 일반 렌즈를 꼈는지 아니면 서클렌즈를 꼈는지 정도가 아닐까 싶다.

2003년 켄 로텐버그, 낸시 아이젠버그가 다른 사람들과 공동으로 연구한 결과에 따르면, 4~6학년 아동이 2학년 아동에 비해 간접적인 눈빛과 능동적인 몸동작을 관찰해서 속임수를 간파하는 능력이 뛰어났다. 6학년 학생은 비밀을 지키겠다고 맹세하는 것으로써 거짓말을 한 사람이 속이는지 아닌지를 알아내었다. 예를 들면 "우린 좋은 친구니까 나한테 말해야 돼"라든지 반대로 "우린 좋은 친구니까 다른 사람한테 말하면 안 돼"라고 했다. 비밀을 공유하며 내부 결속을 강화하고 외부 세계에 저항하는 것이다.

2학년과 4학년처럼 나이가 어린 학생들은 행동을 관찰하는 방법으로 거짓말을 탐지한다. 이런 단서들은 복잡하거나 정교한 게 아니라서 나이가 어린 아동일수록 거짓말을 탐지할 수 있는 기술이 뛰어나지 않다는 건 분명하다.

성인과 아동의 거짓말 탐지에 관한 수많은 연구에서 알 수 있듯이, 나이가 어린 아동의 거짓말은 성인이 쉽게 알아차릴 수 있지만 성장한 아동의 거짓말은 알아차리기 쉽지 않다. 이는 아이가 인지와 행위 측면에서 사기의 복잡성을 미처 배우지 못한 것과 관련이 있을지도 모른다.

거짓말 솜씨와 거짓말 탐지 능력은 함께 자란다

그런데 피터 뉴콤브와 제니퍼 브랜스그로브의 2007년 연구 결과는 정반대였다. 나이가 많은 아이는 거짓말이 어떤 나쁜 결과를 가져오는지 알기 때문에 불안해서 쉽게 거짓말을 숨기지 못할 수 있다는 것이다.

빅토리아 탤위와 리캉이 2008년 연구한 결과에 따르면, 아이가 거짓말에 성공하는 능력은 나이가 들수록 향상한다. 그런데 그 능력이 무한대로 증가할까? 기하급수적으로 늘어날까? 그럴 리가 없다. 어느 나이가 되면 멈출 것이다. 그런 의미에서 이 연구는 불완전하다. 몇 세부터 몇 세까지는 증가하고 몇 세 이후부터는 같은 수준을 유지한다든지 아니면 천천히 증가하거나 하락하기 시작한다든지 하는 언급이 있어야 한다. 안 그랬다가는 사람이 90세를 넘어 100세까지 살면 말 그대로 살아 있는 거짓말 탐지기가 되어 있을 테니 말이다! 그러면 범죄자 심문 조사나 증거도 필요 없고 그냥 나이 지긋한 어르신 앞에서 한마디만 해도 죄가 있는지 없는지 단박에 알 수 있을 것이다.

또 다른 연구는 아동이든 성인이든 얼굴을 마주한 상황에서는 속임수를 간파하는 데 어려움을 겪었으며, 가장 높은 성공 확률이 50~60퍼센트 사이라고 지적했다. 자라면서 아이는 거짓말의 고수이자 동시에 좀 더 복잡한 전략으로 거짓말을 알아

신뢰는 어떻게 사기가 되는가

차리는 고수가 된다. 그런데 과학적인 방법으로 검증하든 아니면 인류가 성장과정에서 다양한 경험을 쌓으며 거짓말을 하고 거짓말을 알아차리는 능력을 배우든 간에, 내가 읽은 문헌에 따르면 거짓말 탐지는 여전히 매우 어려운 일이다.

나는 한때 대만대학교 '성별평등회' 동료였던 인연으로 대만대학교 법학과 리마오성李茂生 교수에게 법률적 문제를 물었다. 나는 그동안 '인적 증거'가 중요하다고 생각했다. 그런데 "인적 증거는 중요하지 않아요. 사람이니까 잘못 봤을 수도 있고 거짓말을 할 수도 있잖아요. 그래서 물증이 중요합니다"라는 리 교수의 말을 듣고 놀라움을 금치 못했다.

아이가 사회인이 되기까지 성장 과정을 거치며 거짓말 행위가 어떻게 변해왔는지 살펴보았다. 사람은 누구나 살면서 크고 작은 거짓말을 하고 거짓말 상대는 부모부터 교사, 친구 등 각 성장 단계마다 상호 교류하는 사람이라는 걸 알게 되었다. 우리는 대부분 자기 자신을 보호하기 위해 거짓말을 하고 남에게 피해가 되는지 아닌지는 우리 영역이 아니었다.

예전에 수업하면서 이런 말을 한 적 있다. "내 수업을 들으면서 남의 것을 베껴 쓰지 않고서는 도저히 리포트를 못 쓰겠다 싶은 사람은 나한테 와서 얘기해. 다른 방식으로 성적 받을 수 있게 해줄 테니까." 나는 학생들이 스스로에게 컨닝, 표절, 거짓말을 하지 않는 선택지를 주었으면 좋겠다. 정 수업을 통과하지 못할 것 같으면 교수에게 도움을 청해라. 그게 나의 기본 원칙이다. 그런데 35년 동안 학생들을 가르쳤지만 내게 도움을 요청한 학생을 만난 적은 단 한 번도 없다. 나는 진심으로 한 말이었으니 부디 학생들이 나를 속인 게 아니었기를 바란다.

　생사존망이 걸린 상황이 아니고서는 절대 거짓말로 인생을 편하게 흘려보낼 생각을 하면 안 된다. 당신이 고양이도 아니고, 절대 그렇게 행동하면 안 된다. 인생은 소중하다. 거짓말이든 진실이든 아니면 믿음이든 간에 우리가 탐구하는 지식들은 현재와 미래의 우리 삶에 어떤 식으로든 도움이 될 것이다. 인생에서 최선의 선택은 언제나 정직이라는 점, 명심하길 바란다.

5장

똑똑해서 오히려
제 꾀에 넘어가다?

"대다수 업계에서 거짓말은 용인할 수 없는 행위로 간주된다.

그러나 국제 정치에서는 거짓말이 유감스럽지만

가끔은 필요한 행위로 여겨지는 게 보통이다."

존 미어샤이머

사기라고 했을 때 우리가 가장 쉽게 떠올리는 것은 사기 집단이다. 여기에서 말하는 사기 집단은 다양한 경로를 이용해 다수에게 마수를 뻗치는, 전문적으로 훈련된 암흑 조직일 수도 있다. 그런데 만약 사기를 치는 주체가 정치인, 정당, 국가 정부라면 어떨까?

이는 이번 장에서 다루려는 '정치적 사기'의 일부분이다. 작게는 선거 출마자의 공약 불이행, 정치인의 이미지 메이킹을 위한 조작에서부터 크게는 히틀러 시대나 미국의 베트남 전쟁 참전, 라오스 폭격, 이라크 전쟁을 일으키기 전에 국가 정보를 국민에게 공개하지 않은 일까지 전부 다 제도, 조직, 공공부문에 대한 국민의 신뢰를 기반으로 벌인 사기들이다.

"믿는 사람은 끝까지 믿고, 안 믿는 사람은 끝까지 안 믿는다"는 말처럼 정치인의 '골수팬'들은 자신이 지지하는 사람은 아무 문제가 없고 자신이 지지하지 않는 사람에게는 문제가 있다고 철석같이 믿는데, 이는 건강한 민주 시민의 태도라고 할 수 없다. 그나저나 이런 결연한 믿음은 대체 어디에서 오는 것일까? 정치계를 제외하고도 우리는 뉴스에서 신흥종교집단의 사기 사건을 자주 접한다. 신흥종교 지지자들 중에는 웬만한 사람은 다 아는 지식인이나 지위가 높은 유명인사도 적지 않다. 똑똑하고 지식이나 사회적 경험이 풍부해 보이는 사람들마저 사기를 당하는 이유는 대체 무엇일까?

사기는 지능지수(IQ)와 상관없다:
인간관계와 제도에 대한 믿음

2장에서 이미 사기와 믿음의 '톱니바퀴'를 살펴보았다. 이제는 개인과 사회제도 측면에서 사기를 비교해볼 것이다. 사회적 열성팬이나 정치적 골수팬은 어떻게 탄생했을까?

사실 사회 전반적으로 볼 때 동서고금을 막론하고 예전에는 사회가 정상적으로 작동하기 위해서라도 사기는 찾아보기 힘들었다. 그런데 개인 측면에서 보면 사기는 한 번만 당해도 사기의 규모와 상관없이 이미 곳곳에 사기가 도사리고 있는 느낌이 든다. 실제로는 사회 운영을 방해할 만큼 사기가 성행하지 않는데도 말이다. 경제가 붕괴되거나 인플레이션이 발생하는 상황이어야만 사회가 전혀 돌아가기 힘든 수준이라고 할 수 있다.

우리의 가장 흔한 믿음은 '사람'에게서 비롯하지만 '제도'에 근거할 때도 있다. 전통 사회에서는 당신이 그 사람을 알기 때문에 믿는다. 그런데 만약 낯선 상황에 놓인다면 상대를 잘 모르는 상태에서 그 사람을 믿기란 어려울 수밖에 없다.

인간관계에서 드러나는
신뢰의 11가지 근원

선배 연구자들의 연구 성과를 종합한 결과, 인간관계에서 드러나는 신뢰의 근거로는 아래 11가지가 있었다.

1. 외모

잘 모르는 사람인데 외모가 잘생기면 쉽게 믿음이 간다. 이는 심리학에서 말하는 '후광효과halo effect'다. 우리는 첫인상을 통해 상대방을 인식하며 상대방의 다른 특징을 추론한다. 따라서 외모가 잘생겼거나 '마음에 드는' 대상이 있으면 '긍정'의 필터를 끼고 상대방을 바라보며, 후한 점수를 주고 시작한다. 반대로 상대방 외모가 내 취향이 아니거나 그 사람에게서 내가 싫어하는 부분이 보이면 '부정'의 필터를 끼고 본다. 상대방이 조금이라도 나쁜 행동을 하는 날엔 이런 말이 그냥 입 밖으로 튀어나온다. "진즉에 저런 놈일 줄 알았다니까!"

상업광고에서 미남미녀를 모델로 내세우는 이유도 마찬가지다. 생리적인 원인도 있겠지만 어쩌면 열등감도 한몫할지 모른다. 신이 저 사람을 저렇게 아름답게 빚은 데는 특별한 이유가 있을 거라며 예쁘고 잘생긴 사람을 동경하는 것이다. 그게 꼭 사실이 아닐지라도 미남미녀는 도덕적으로나 모든 면에서 특출하다고 생각한다. 만약 잘생긴 남자와 그렇지 않은 남자가 있다면 당신은 누구에게 길을 묻겠는가? 또 두 사람의 답이 다르다면 당신은 누구의 말을 더 믿겠는가?

2. 개인적인 매력

좌중을 휘어잡는 특별한 매력을 가진 사람들이 있는데, 그런 매력을 영어로는 '카리스마'라고 한다. 다른 사람과 스스럼없이 지내고 가끔 호구처럼 보일 정도로 남을 잘 도와주는 사람도 있다. 상황에 따라 봉사정신이 투철한 사람처럼 느껴져 그 사람을 신뢰하기도 한다. 그가 음료를 대신 사다주어도 음료에 침을 뱉었을 거라고는 추호도 의심하지 않는 것이다.

3. 혈연

앞에서 '안다'고 말한 게 바로 이것이다. 가장 잘 아는 대상은 혈연관계가 있는 사람이며 보편적으로 가족은 나를 속이지 않는다고 믿기 때문에 혈연관계에서 사기가 성립하기 쉽다. 가족이 다른 사람에게 속는 경우도 있다. 예를 들어 어디에 투자하라는 말에 속은 가족이 당신을 끌어들이면서 같이 5천만 원만 모으면 3억 원을 벌 수 있다고 하는 것이다.

4. 친척이나 소개받은 친구

이는 혈연과 어느 정도 관련이 있다. 가까운 친척이나 친구끼리는 간접적으로 사기가 일어난다. 그물을 쳐서 고기를 잡는 것처럼 일단 한 사람부터 시작해 다음 목표를 물색하는 식인데, 보통 다단계 판매나 보험사기에 많이 쓰인다. 우리는 이런 상황을 자주 접한다. 친척이나 가족이 "아무개가 회사에 막 입사했는데 좀 도와줘. 5년짜리 보험이고 1년에 12만 원만 납입하면 돼"라고 말하는 것이다. 대개 이런 일은 내가 보험에 가입하고 다른 친구들도 줄줄이 가입하고 나면 나중에 결국 흐지부지 마무리된다.

5. 집안 출신

이는 일종의 계급에 대한 숭배다. 상류층 출신은 교육도 잘받고 웬만한 건 다 가지고 있어서 당신을 속일 리가 없다고 생각하는 것이다. 미국 드라마 〈애나 만들기〉에서 여주인공 애나는 본인을 유럽 귀족 출신이라고 말하며 그에 맞는 생활방식이나 행동거지를 보여주어 사람들 신뢰를 얻었다. 이는 신분을 사칭한 사기꾼들에게서 흔히 볼 수 있는 수법 중 하나다.

애나가 사용한 수법은 신용카드가 안 긁힐 때 매장에 몇 번이고 다시 시도해달라고 요구하는 것이다. 그러다 결국 친구가 자기 신용카드를 대신 긁어주면 애나는 더 이상 그 일에 대해 언급도 하지 않는다. 이런 수법으로 거금을 아낀 셈이다. 애나의 친구는 그녀가 부잣집 상속녀라 진짜 돈이 없는 게 아니라고 믿기 때문에 속은 것이다. 나도 비슷한 일을 겪은 적이 있다. 일전에 친구가 한턱낸다며 같이 즐겁게 이야기하고 밥을 먹었는데 마지막에 계산하겠다던 친구의 신용카드가 긁히지 않는 것이다. 내가 〈애나 만들기〉에서 이런 장면을 봤다고 말하자 친구가 머쓱한 웃음을 지어 보였다. 결국 돈은 내가 지불했지만 친구는 애나와 달리 따로 시간을 내어 나를 초대했고 선물까지 챙겨주었다.

6. 학력

보통 사람들은 교수라든지 명문대 출신은 거짓말을 못한다는 인식이 있다. 뿐만 아니라 하버드 등 세계 명문대 이름을 간판으로 내거는 경우도 자주 있다. 하버드가 해당 분야에서 유명하지도 않은데 일종의 상징처럼 쓰이는 것이다. 어쨌든 '하버드 광장'이라고 하면 평범한 이름이 붙은 광장보다는 확실히 다르게 들리니까 말이다. 예전에 자칭 하버드 출신이라고 말했던 연예인들이 사실은 하버드 익스텐션 스쿨(Harvard Extension School,

하버드 대학 부설 온라인 스쿨로 우리나라 평생교육원과 비슷한 개념 - 역주)을 다닌 사실이 폭로되기도 했다. 국립대만대학교에도 MBA 과정이 있는데, 일단 대만대학교라고 하면 다들 "와, 대단하다!"라는 생각이 들기 마련이다.

7. 직업과 경력

이는 대만 국내 상위 수십 수백 개 기업이나 유명 다국적 대기업으로 이름이 바뀌었을 뿐이지 학력과 비슷하다. 심지어 실리콘 밸리, 월스트리트처럼 귀로 듣기는 했지만, 일반인이 접하기 어려운 특정 직장도 전부 후광에 해당한다.

8. 종교

사기는 들통나기 전에 신뢰를 얻어야 한다. 직업, 종교는 신뢰를 얻는 가장 좋은 방식이다. 공통의 신념에서 비롯하기 때문이다. 그는 나와 같은 성도인데 어떻게 그가 사람을 속이겠느냐, 특히 나와 똑같이 권선징악을 행하는 신을 믿는 사람이 감히 신마저 속이겠느냐고 생각하는 것이다.

9. 정치적 입장

이는 굳이 비유하자면 적진에 몰래 들어가 알아보는 것이다. 한나 아렌트의 《예루살렘의 아이히만Eichmann in Jerusalem: A

Report on the Banality of Evil》에서 아이히만은 애초에 나치 당원으로 유대인 집단에 숨어들어가 열심히 유대인 책을 읽으며 유대인들 사이에서 신뢰도가 높았다고 진술했다. 동지가 동지를 팔아넘기는 건 더 이상 신기한 일도 아니다. 그러니 "이런 동지가 있다면 과연 적이 필요할까(With friends like these, who needs enemies?, '적보다 못한 친구'를 의미)?"라는 탄식이 나올 수밖에!

10. 경제 상황

우리는 보통 돈 많은 사람은 사기를 치지 않는다고 생각한다. 돈이 그렇게나 많은데 왜 굳이 남을 속이겠느냐는 것이다. 그런데 대기업 사기 사건들, 그중에 미국 에너지그룹 엔론Enron 사태는 회사 장부를 조작한 분식회계 사건이다. 전 세계 수많은 대기업에서는 회계 시스템을 갖추고 감독도 하기 때문에 엔론 사태와 같은 사례가 많지는 않지만, 이를 통해 우리는 아무리 빈틈없는 시스템이라도 허점은 있다는 걸 알 수 있다.

11. 같거나 비슷한 취향

우리는 "같은 동아리에 드는 사람은 나쁜 사람이 아닐 거야"라고 생각하는 경향이 있다. 누군가 인터넷에서 '공포스러운 연인Horrifying Lover'을 판단하는 첫 번째 기준이 동물 학대라고 말했다고 하자. 당신은 당신과 함께 동물보호단체에 가입하거나 고양이 보호 단체에서 자원봉사를 하는 사람을 볼 때 그가 나쁜 사람이 아니라고 생각할 것이다.

그런데 반대로 사기꾼이 동물을 사랑하면 마음이 따뜻하다고 여기는 사람들의 심리를 역이용해서 사리에 어두운 사람에게 사기칠 수도 있다. 취향이 같으면 사람의 신뢰를 쉽게 얻을 수 있지만 이런 신뢰를 남용하는 사람도 있다.

개인적인 측면에서 신뢰를 주는 요소에는 사랑도 포함된다. 사랑하면서 더 강한 믿음이 생기는 사람들이 있다. 그런데 만약 상대방이 딴마음을 먹으면 언제든 사기칠 기회가 생기는 것이기 때문에 사랑에는 모순점이 있다. 예를 들어 '애인 대행 서비스'는 사기인가 아닌가? 회사는 당신에게 애인 대행 서비스를 제공하며 여자친구나 남자친구를 '빌려준다'. 하지만 그 '애인'이 주는 감정에는 한도가 있어서 당신은 그게 가짜라는 걸 알 수 있다. 당신은 3시간 '대여'를 위해 지불한 금액만큼 서비스를 즐길 수 있고 그 후로는 아무것도 요구할 수 없다. 이렇듯 끝을 분명하게 아는 것과 진실한 사랑에 무한한 기대를 품는 것 중 어느 쪽이 더 낫다고 할 수 있을까?

제도적 신뢰의 10가지 출처

현대사회는 전통사회와 다르게 거래하거나 교류하는 대상과 서로 알고 지낼 가능성이 낮다. 따라서 대인관계에서는 종종 제도적 신뢰를 기반으로 한다. 당신이 누구라서가 아니라 제도에 의지해 신뢰를 유지하는 것이다. 제도적 신뢰는 아래 10가지에서 비롯한다.

1. 학교

어떤 사람은 학력을 이용해 사기를 친다. 자칭 대만대학교 의사라거나 대만대학교를 졸업했다고 말하는 건 '대만대학교'라는 제도나 명예를 이용해 사람들 마음에 제도적 신뢰가 생기길 바라는 것이다. 논문을 '표절'해서 학위를 취득했다는 것도 이제 막 터진 뉴스다.

2. 직업 단체(전문 단체)

직업, 전공과 관련한 것은 반드시 인증이나 회원 자격 등이 있어야 한다. 클리닉마다 사람들 눈에 잘 띄는 곳에 의사 면허증을 드러내는 것처럼 자격증이 있어야 업무를 수행할 수 있다.

3. 자격증과 증명서

자격증과 증명서는 위조할 수 있다. 그런데 왜 위조를 할까? 다른 사람들이 믿기 때문이다. 따라서 당신이 신뢰를 이해하고 나면 누군가 이 신뢰를 마음대로 쥐락펴락할 수 있다는 걸 알게 된다.

4. 수상 경력

예를 들어 제빵사가 세계대회에서 상을 타면 그 사람이 만든 빵이 맛있게 느껴지고 가게도 장사가 잘된다. 유명한 상일수록 신뢰가 더 생긴다.

5. 정부기관(사법, 경찰)

사법기관이나 경찰은 우리가 신뢰하기 때문에 사기 집단은 관련 정보를 이용해 사기를 친다.

6. 정부 공식 문서

신분증, 혼인증명서, 여권, 사망증명서, 졸업증명서 등이다. 미국은 주마다 음주 규정이 달라서 다른 주로 건너가 가짜 학생증으로 술을 구매하는 대학생이 많다. 어떤 사람은 졸업하고 나서 기한이 만료된 학생증으로 학생표를 구매하기도 한다.

7. 사업상 평판

유명 상표, 유서 깊은 상호, '비슷해서 혼돈을 주는 브랜드' 등이 그 예다. 음식을 판매하는 경우에는 분점을 내거나 일하던 직원 또는 친척이 나와서 따로 가게를 차려 대중에게 진짜와 가짜를 구분할 수 없게 만든다.

8. 사업체

사람들은 보통 대기업, 사회적 기업, 이른바 양심 기업은 나쁜 일을 안 할 거라고 생각한다. 그런데 사실은 그렇지 않다. 세간을 놀라게 했던 '저질 식용유 사건(2014년 대만에서 발생한 사건으로 가축 사료, 음식 찌꺼기 등에서 나온 기름을 식용유로 제조·판매하며 파문을 일으켰다 – 역주)'을 떠올려보자.

9. 인터넷 세상

이전 세대는 인터넷 시대에 살지 않아서 인터넷이 낯설고 인터넷을 별로 믿지 않는다. 그런데 태어날 때부터 인터넷을 접한 요즘 세대는 인터넷을 통해 정보를 얻고 생활하기 때문에 인터넷에 대한 신뢰도가 높을 수밖에 없다.

10. 국내외 제도

오늘날 인터넷 쇼핑은 믿을 수 있는 제3자 결제 시스템이 있어서 예전에 사업하던 사람들처럼 보증 신용장을 사용하지 않는다.

신뢰에서 시작해 실망으로 끝난다?
정치와 거짓말

전 세계 어느 곳에서든 정치 체제를 막론하고 정치가 생긴 이후로 항상 거짓말이 존재했다. 2019년 비안 바카르, 에릭 헤링, 데이비드 밀러, 피어스 로빈슨 등은 《옥스퍼드 거짓말 수첩 The Oxford Handbook of Lying》에 〈정치에 담긴 거짓말과 사기〉를 공동으로 발표하고 근대 구미 지역에서 있었던 수많은 유명 사례를 열거했다. 그 내용들을 하나씩 인용하고 설명하겠다.

히틀러의 '큰 거짓말'

첫째, 히틀러는 1925년 출간한 자서전 《나의 투쟁 Mein Kampf》에서 '큰 거짓말 Big lie'이라는 단어를 사용했다. 그는 독일 유대인이 제1차 세계대전 실패를 에리히 루덴도르프 독일

장군 탓으로 돌린 것을 비판하며 이를 '큰 거짓말'이라고 여겼다. 그 결과 총통 자리에 오른 히틀러는 유대인을 학살하며 역사에 씻을 수 없는 오점을 남겼다.

히틀러는 충분히 과장된 '큰 거짓말'은 믿는 사람이 반드시 있기 마련이라고 보았다. 그렇게까지 과장된 일이라면 사람들은 그게 가짜일 리 없다고 생각하기 때문이다. 참으로 이상한 심리다. 우리는 보통 흔한 일을 믿는 경향이 있는데, 충분히 과장된 거짓말에 오히려 사람들이 진짜라고 믿게 만드는 힘이 있다니, 그야말로 역설이 아닐 수 없다.

뻔한 말로 바꾸면 이런 것이다. "거짓말을 천 번, 만 번 하면 진짜가 된다." 이 말은 두 가지 층위를 내포한다. 하나는 동료 효과peer effect다. 아무리 황당한 거짓말이라도 계속해서 말하면 사람들이 믿는다. 당신도 믿었으니 나도 믿는 것이다.

또 하나는 "믿는 사람은 계속 믿고 안 믿는 사람은 끝까지 안 믿는다"는 것이다. 당시 독일 사람들은 히틀러를 맹목적으로 숭배했다. 히틀러가 무슨 말을 하든 다 믿었다. 히틀러가 급부상한 배경은 이러하다. 1차 세계대전 이후 패전국 독일은 베르사유 조약에 서명했다. 이 일은 독일에게 엄청난 타격이었다. 그래서 히틀러가 독일 민족의 자존심을 부르짖고 나섰을 때 수많은 군중이 그를 독일 민족의 구원자로 여기며 환영한 것이다. 정치에서 민족주의는 매우 유용하다.

포장된 동남아 전쟁

또 다른 유명한 정치 거짓말 중 하나는 1971년 미국 〈펜타곤 문서(Pentagon Papers, 정식 명칭은 'Report of the Office of the Secretary of Defense Vietnam Task Force')〉에 발표되었다. 이 문서에는 1945년부터 1967년까지 미국 국방부가 베트남 전쟁 당시 정치·군사 업무에 개입하고 동남아 전쟁(베트남, 캄보디아, 라오스)에 영향력을 행사한 사실이 상세히 기록되어 있다.

이 문서는 정부가 베트남 전쟁의 실상을 은폐한 사실을 입증했다. 기본적으로 베트남 전쟁은 미국 정부가 꾸민 거대한 사기극이었고, 미국 당국은 애초에 전쟁에서 이길 수 있다고 생각하지 않았음에도 불구하고 수많은 미국 청년을 전쟁터로 내몰았으며 끝내 불명예스럽게 퇴장했다. 이로 인해 베트남 전쟁이 미국 근대사에 뼈아픈 상처로 남게 된 것이다. 훗날 수많은 문학, 영화가 베트남 전쟁을 소재로 활용했고, 한나 아렌트는《공화국의 위기Crisis of the Republic》에서 당시 미국 백악관 고문과 대통령실 직원들이 베트남 전쟁을 어떻게 과장하고 포장해 미국인을 그런 의롭지 못한 전쟁에 휘말리게 했는지 분석하기도 했다.

닉슨과 워터게이트 사건Watergate scandal

1970년대 리처드 닉슨 당시 미국 대통령의 '워터게이트 사건'도 있다. 간단히 설명하면, 차기 미국 대통령 선거를 준비하던 닉슨 대통령이 사람을 시켜 라이벌인 민주당 전국 위원회가 있는 워터게이트 호텔 건물에 도청장치를 설치한 사건이다. 도청기를 설치한 범인들이 붙잡힌 후 닉슨 대통령은 모르는 일이라고 공언했지만, 자신의 행정팀이 연루된 걸 은폐하려 한 사실이 만천하에 드러났다. 이 일로 닉슨 대통령은 TV연설에서 사퇴를 발표했다. 이로써 그는 최초로 재임 중 사임한 미국 대통령이 되었으며, 후임인 제럴드 루돌프 포드 주니어 대통령에게 사면되었다.

명분 없는 이라크 전쟁

2003년 미국과 영국은 이라크가 '대량 살상 무기Weapon of Mass Destruction'를 보유하고 있다며 이라크 침공을 공언했다. 당시 미국과 영국은 이라크가 대량 살상 무기를 숨기고 있다는 사실을 입증할 위성사진이 있다고 발표했다. 그런데 사실 사담 후세인 당시 이라크 대통령이 대량 살상 무기를 만들겠다고 했지만, 이는 허풍에 불과했다. 구미 각국의 정보들도 이라크가 스스로 공언한 무기를 보유하고 있다는 증거가 없음을 보여주었지만, 이런 정보들은 의도적으로 무시되었다.

그 후 미국을 위시한 유엔군이 출동해 이라크를 쑥대밭으로 만들었으나 무기는 찾지 못했다. 제일 황당한 건 이 전쟁으로 이라크는 무너졌고 민주제도는 세워지지 않았으며 전쟁은 미국과 영국 군대의 철수로써 '마무리'되었다는 사실이다.

이는 무서운 정치 거짓말이다. 국민은 그 거짓말에 속아 전쟁에 휘말렸고 그 전쟁은 불명예스럽게 끝나고 말았다. 이 전쟁으로 가장 피해를 본 건 무고한 이라크 시민들과 참전한 미국 군인들이었다. 반면 미국 정치인들은 어떤 의혹이나 처벌도 받지 않았다. 어떤 면에서 보면 정치인은 "국가의 이익을 위해서"라는 말로 국민을 기만한 행위에 대한 처벌을 피할 때가 많다. 이러한 정치 거짓말과 사기는 우리가 깊이 생각해볼 필요가 있다.

정치 거짓말 속 편가르기

플라톤 시대 이후로 정치에서 거짓말과 사기를 바라보는 데는 두 가지 입장이 있다.

하나는 옹호하는 입장이다. 정치에서 거짓말과 사기는 '필요악'이며 불가피하고, 심지어 이를 적극적으로 활용하거나 적절한 상황에서, 즉 국가 이익이나 공공의 이익에 관련될 때 사용해야 한다고 생각한다.

일반적으로 우리가 앞에서 언급했던 16세기 마키아벨리를 이런 정치적 리얼리즘의 원조라고 본다. 그는 《군주론》에서 '현실 정치realpolitik'를 제안했다. 그런데 텍스트를 자세히 들여다보면 마키아벨리의 의도는 부득이한 상황에서만 이런 수단들을 사용한다는 것이며, 사실 기본이 되고 중요한 건 역시 덕성이다. 문제는 대다수 사람이 마키아벨리의 "목적을 달성하기 위해 수단과 방법을 가리지 않는다"는 말에 사로잡혀 그의 전제나 조건을 잊은 것뿐이다. 이밖에 정치 사상가이자 마키아벨리를 연구한 전문가 레오 스트라우스도 옹호하는 입장으로 간주된다.

또 하나는 정치에서 거짓말과 사기를 비판하는 입장이다. 이들은 도덕이 가장 중요하다고 여기는 도덕이상주의를 채택해야 한다고 주장한다. 정치에서 거짓말과 사기는 국민에게 못할 짓이며 권력 남용과 잘못된 정책 결정으로 이어지기 때문에 피해야 한다고 여긴다. 이를 어길 시 관련 정치인들이 정치적 책임을 져야 한다는 것이다. 미국 정치학자 존 미어샤이머는 공공의 이익을 고려해야 한다는 입장이며, 모린 램지는 사전 공개 변론을 통해 공감대를 얻을 수밖에 없다고 주장한다.

독일의 저명한 사회학자 막스 베버가 공개 강연 '직업으로서의 정치'에서 정치인이 갖춰야 할 세 가지 조건으로 열정, 판단력, 책임감은 언급했지만, '솔직함'이나 '거짓말하지 않기'는 언급하지 않았다는 점은 주목할 만하다.

정치도 납득이 되어야 할까?

1920년대 전 세계적으로 잇따라 공산주의 정권이 수립된 이후 서방 국가에서는 '선전propaganda'이라는 단어를 사용하기 시작했고, 소위 '중앙선전부'라는 것도 있었다. 따라서 선전이 결코 나쁜 단어가 아니었다. 그런데 오늘날 대부분의 사람은 '선전'이 가짜처럼 들린다고 생각해 '공공관계(public relations, 약칭은 PR이며 홍보를 의미)'로 바꿔 불렀고 대만 상업계에서도 이 단어를 사용한다.

정치 마케팅political marketing도 있다. 대다수 민주국가에서는 미국의 방식을 배운다. 정치 마케팅 회사는 선거운동 기간에 후보자의 긍정적인 이미지를 구축하는 일을 맡는다. 이런 일은 모두 '정치 설득political persuasion'이 변화하고 발전한 것이다.

전략적 커뮤니케이션strategic communication, 공공외교public diplomacy, 주도면밀하게 계획한 설득력 있는 커뮤니케이션organized persuasive communication; OPC 등으로 부르는 것들도 있는데, 주도면밀하게 계획한 활동으로써 사람들의 정치적 신념, 태도, 행동에 영향을 준다는 뜻이다. 그 활동이 실제로 공감대도 형성하고 진실할 때도 있지만, 사람들의 행동과 생각을 통제하

　　　　　　　　　　　신뢰는 어떻게 사기가 되는가

거나 의견을 받아들이도록 설득하기 위해 활용되기도 한다.

OPC는 '자기기만' 효과가 있어서 이를 실행하는 사람들이 자기가 선전하는 내용을 깊이 신뢰하게 된다. 게다가 일단 참여한 사람들이 늘어나면 더 많은 사람이 자기도 모르게 이런 거짓말과 사기에 깊이 빠져든다. 이단도 그중 하나다. 이단 지도자는 자신이 언제 당신을 속이고 있는지 알기 때문에 너무 많은 사람이 자신에게 접근하지 못하도록 막는가 하면, 평소에 자신이 어떤 모습인지 사람들 눈에 띄지 않게 한다.

OPC에서는 "이게 다 국민을 위해서다"라며 국민을 들먹이는 형태가 제일 흔하다. 어려서부터 성인이 될 때까지 집에서는 부모님이, 학교에서는 선생님이, 직장에서는 상사가 "이게 다 너 잘되라고 하는 말이야"라고 하던 말을 정치판에 그대로 옮겨놓은 것이다. 정치인들은 바로 이런 정정당당한 목표로써 자신의 행위를 합리화한다.

정치 설득은 두 가지 유형으로 나뉜다.

1. 합의형consensual form : 이성적인 설득이나 감정에 호소하는 것을 포함하며 자유로운 방식으로 설득하는 것이다. 대만 선거에서는 천지신명을 가마에 태워 한 바퀴를 돌거나 가족들이 무대에 올라가 울면서 누가 그 사람에게 빚이라도 진 것처럼 가족이 얼마나 불쌍하고 딱한 처지인지 보여주는 장면들이 자주

연출된다. 사정이 딱한 그를 국회로 보내야 정의를 되찾을 수 있다는 메시지다. 예전에는 대만에서 이런 식으로 불쌍한 모습을 연출하면 당선될 수 있었는지 몰라도, 이제는 후보자가 이성적인 방식으로 유권자를 설득하고 자신이 당선되면 무엇을 할 수 있는지 분명하게 설명할 필요가 있다는 걸 사람들이 서서히 깨닫고 있다.

2. 비합의형non-consensual form: 사기, 재물을 이용한 유혹, 협박 등 잘못된 길로 이끄는 다양한 방식으로 설득하는 것이다. 라이벌이 가짜 뉴스로 자신을 공격하고 검증하기 힘든 일로 체면을 손상시키거나 왜곡하는 것이 그 예다.

〈펜타곤 문서〉를 연구하면서 한나 아렌트는 미국 정부의 '문제 해결사problem-solvers'와 홍보 직원이 대중을 속여 확실하던 베트남 전쟁 정보를 조작하고 평범한 사람들이 전쟁에 가담하도록 정책 결정관을 기만하며 신념을 심은 것이라고 밝혔다.

《옥스퍼드 거짓말 수첩》에서도 인용해서, 1988년 에드워드 허먼과 노암 촘스키가《제조 동의: 대중매체의 정치 경제학 Manufacturing Consent: The Political Economy of the Mass Media》에서 제시한 '선전 모델propaganda model'은 미국 언론이 전부 정치·경제 엘리트의 '주도면밀하게 계획한 설득력 있는 기만형 커뮤니케이션'에 의존해 여론 향방을 주도함을 보여준다는 것이다.

이런 엘리트들의 동기와 제도적 합법성에 의문을 제기하는 사람은 거의 드물다. 반면 정부 반대편에 선 상대의 동기와 합법성은 자주 의심받는다. 예를 들어 베트남 전쟁에서 미국의 군사행동은 민주제를 수호하기 위해 벌인 '방어적 개입defensive intervention'으로 해석된다. 한편 아프가니스탄에 대한 소련의 군사 행동은 '공격적 침략'으로 묘사된다.

인터넷 시대가 아닌 당시에는 정치 지도자나 정재계 엘리트가 아니면 당신 의견이 보도될 가능성은 전혀 없었지만, 지금은 다르다. 누군가 용기내어 발언하거나 충분히 과장된 의견이라면 사람들 눈에 띌 수 있다. 따라서 사이버 민주주의에서는 모든 사람이 비슷한 발언권을 가지며 인터넷 스타가 정재계 엘리트들을 앞서거나 인터넷 스타 본인이 오히려 누군가에게 선수를 빼앗길 수도 있다.

오늘날 '인터넷 댓글부대'의 여론 조작도 더 이상 예전의 선전 모델이 아니다. 이들은 진실을 보지 못하게 사람들 눈을 흐리거나 부화뇌동하며 거짓말을 반복해서 진짜로 둔갑시키기도 한다. 이렇게 해서 진실과 거짓을 구분하지 못하도록 대중에게 혼동을 주고, 결과적으로 사람들이 정치에 놀아나기 쉬운 환경을 조성하는 것이다.

정치 거짓말의 유형

정치적 기만은 "속이지 않으면 국민을 설득할 수 없다"고 생각하는 상황에 자주 쓰인다. 아래 다섯 가지 유형이 있지만, 대다수 정치 사기극은 여러 수법을 혼합해서 사용한다.

1. 누락하거나 반쪽 진실만 이야기한다. 자신에게 유리한 것만 말하고 불리한 건 말하지 않는다. 아니면 흔한 '노코멘트'를 외치며 입을 닫거나 남이 의심하는 일을 해명하지 않는다.

2. 왜곡하거나 억지를 쓴다. 여기에는 언어적 결함이 있다고 생각한다. 언어가 정밀하지 못해서 '조작할 여지'가 많아 다양하게 해석될 수 있는 것이다. 언어에는 언변으로 거짓말을 덮는 소위 '화술double speak'도 있다.

3. 과장한다. 예를 들어 별것 아니지만 상대방에게 불리한 일을 크게 과장해서 부풀린다.

4. 잘못된 방향으로 이끌어 초점을 딴 데로 돌린다. 예를 들면 안전모 미착용으로 걸렸을 때 자신과 똑같이 안전모를 쓰지 않은 사람을 고발하는 것이다. 자신의 잘못을 인정하기는커녕 다른 사람까지 끌어들여 일을 키우려는 의도다.

5. 거짓 정보를 만든다. 위조forgery나 사전에 미리 계획한 일staged event을 말한다. 허위 정보는 CCTV 영상일 때도 있지만

진실을 밝힐 사진일 때도 있다. 그런데 요즘은 포토샵으로 사진을 조작할 수 있는 데다 인공지능이 그린 그림, 감쪽같은 딥페이크deep fake도 있어서 앞으로 진짜와 가짜를 판단하기 더욱 어려워질지 모른다.

거짓말에서 언론의 역할

정치라는 거대한 사기극에서는 홍보를 위해 반드시 언론이 필요하다. 그런데 언론은 어떻게 거짓말에 개입하고 어떤 역할을 하는 걸까?

대만을 예로 들면, 언론에서 당, 정부, 군대가 나간 자리에 자본의 힘이 들어왔다. 자본은 또 정치와 결탁해 기본적으로 언론은 일부 정당의 대변인이 되었고, 그 덕분에 정당의 도움을 받거나 입찰 등에서 이득을 챙겼다. 이게 바로 정경유착이며 자본주의의 위대한 힘이다. 자본, 언론, 정치는 삼각 구도를 이룬다.

언론은 정부 정책을 널리 알리기만 하면 정부로부터 많은 혜택을 받을 수 있다. 현 정권을 해치지 않는 선에서는 공정 보도가 가능하지만, 정당의 이익과 관련되면 공정할 수가 없다. 이는 민주사회 언론에서 거의 대부분 나타나는 문제다. 따라서 전 세계 국가들은 어느 정당이 정권을 잡든 간에 가장 먼저 하는 일이 바로 언론 장악이다. 협조하지 않는 언론은 매장하고 민주시대의 으뜸 가치가 '언론의 자유와 다원화'라는 사실을 망각하는 처사다.

외국 언론도 국내 정치를 보도할 때는 정당의 영향을 받고 국제 정치를 보도할 때는 국가 정책의 영향을 받는다. 국가 이익에는 한계가 있기 때문에 자국과 우호적이지 않은 국가와 논의할 때도 나름의 입장이 있다. 오늘날 이른바 공정한 언론을 찾는다는 건 하늘의 별따기나 마찬가지다.

앞에서 나온 정치 사기에 사용하는 '화술'은 말로써 심각한 일을 별것 아닌 가벼운 일처럼 이야기하는 것이다. 《옥스퍼드 거짓말 수첩》에서는 다음을 예로 들었다. '9·11 테러 사건' 이후 미국은 국가 안보를 극도로 중시한 나머지 알카에다 용의자를 체포했을 때 재판도 거치지 않고 쿠바의 관타나모 수용소로 보내 미 중앙정보국CIA이 관할하게 했고 포로 학대 문제가 발생했다. 나중에 석방된 포로가 학대 사실을 폭로했지만 CIA는 부인하며 '강화된 심문 기술enhanced interrogation technique; EIT'을 사용했다고 말했을 뿐이다. 여기에는 나체로 심문받기, 고통스러운 자세 취하기, 잠 안 재우기, 물고문 등이 포함된다. 또 CIA는 이 기술들이 기존 '고문'과 차이가 있으며 생명을 살리는 중요한 정보를 얻기 위한 목적이었다고 둘러댔다.

진실과 기만 사이의 국제 정치

존 미어샤이머의 연구에 따르면, 국제 정치 사기에는 거짓 말lying, 날조spinning, 은폐concealment 세 가지 형식이 있다. 그는 분석에 들어가기에 앞서 진실과 기만 두 가지 전제를 정의했다.

'진실'은 사람이 최대한 사실을 말하려고 노력하며 직접적이고 진실한 방식으로 이야기한다는 것이다. 진실을 말하는 사람이 스스로 가능한 모든 편견이나 자신의 이익을 극복하려고 노력하며 최대한 공정하게 관련 사실을 보고하는 것이 핵심이다.

'기만'은 사람이 의도적으로 어떤 절차를 거쳐 남이 특정 사건에 대한 모든 진실을 알지 못하도록 가로막는 것이다. 그 진실은 가로막는 사람이 알고 있는 진실이다. 다시 말해 그러한 방해 시도는 사건에 대해 직접적이거나 전반적으로 설명하지 않는다.

1. 거짓말

거짓말은 어떤 일이 가짜라는 걸 분명하게 알고 있거나 가짜일 수 있다고 의심하는 성명을 발표하면서도 다른 사람은 진짜로 여기길 바라는 것, 또는 자기가 알고 있는 게 진실이라는 걸 부인하는 것을 말한다. 거짓말은 목표물을 속일 의도로 하는 적극적인 행동이다.

그런데 거짓말은 특정 사실의 진실성에 관한 것일 수도 있고, 꾸며낸 일을 말하기 좋게 사실을 거짓으로 늘어놓는 것도 포함할 수 있다. 분명하게 말하자면, 거짓말은 거짓인 걸 알면서 진실을 이용해 그 일이 진짜라고 암시하는 것이다. 이런 상황에서 거짓말을 한 사람은 일부러 듣는 사람을 사실이 아닌 결론에 이르도록 유도하기는 해도 그 결론을 자기 입 밖으로 꺼내지는 않는다.

2. 날조

날조는 어떤 일을 털어놓을 때 일부 사실을 강조하고 그 사실을 자기에게 유리한 방식으로 연결하는 한편, 자기에게 불리한 사실은 조용히 처리하거나 무시하는 것이다. 어떤 사람이 당신에게 물건을 팔 때 물건의 장점만 강조하고 단점은 말하지 않는다거나 약을 줄 때 부작용은 말하지 않아서 그 약을 만병통치약처럼 착각하게 만드는 것이 그 예다.

3. 은폐

은폐는 도덕적으로 문제가 없는 편이고 적극적으로 사람을 속이지도 않는다. 다만 정보를 숨길 뿐이다. 정치인의 재산 은닉을 예로 들 수 있다. 여기에서 또 다른 생각이 꼬리를 문다. 이 정보는 사생활 침해에 해당하는가? 미국 회사에서 직원을 모집할 때 지원자에게 페이스북 계정을 제공하라고 요구했다는 이야기를 들은 적이 있다. 계정이 없는 경우 어떻게 사람이 '디지털 발자국(digital footprint, 인터넷을 사용하면서 웹상에 남기는 다양한 디지털 기록)' 하나 없을 수 있느냐며 의심을 받을지도 모른다.

국제 정치에서의 거대 사기

이어서 자국민에 대한 국가의 사기로부터 국제 정치에서 자행되는 사기까지, 거대한 사기에 대해 이야기해보자.

국제 정치 거짓말 종류에는 '전략적 거짓말strategic lie'과 '이기적 거짓말selfish lie' 두 가지가 있다.

만약 지도자가 국가의 이익을 위해, 또는 어지러운 국제 관계에서 국가가 살아남기 위해 거짓말을 한다면 이는 전략적 거짓말이다. 그러나 개인의 이익이나 친구의 이익을 보호하기 위한 거짓말은 이기적 거짓말이다. 존 미어샤이머는 미국 케네디 대통령 시절의 쿠바 미사일 위기를 예로 들었다. 원래 나는 쿠바 미사일 위기가 케네디 대통령의 확고한 의지로 압박을 이기지 못한 소련이 쿠바에서 미사일을 철수한 거라고 믿었다. 그런데 1980년 소련의 한 외교관이 퇴직 후 출간한 책을 보니 실상은 당시 미국과 소련이 거래를 한 것이었다. 소련은 쿠바에서 미사일을 철수하고 미국은 터키에 있던 주피터 MRBM 기지를 철수하는 조건으로 쌍방 협의하에 위기에서 벗어날 수 있었다.

존 미어샤이머는 개인적으로 이 거짓말에 찬성한다고 말했다. 국익을 위한 행동이었지만, 결과적으로 당시 두 강대국의 군사적 충돌을 피할 수 있었기 때문이다. 미국 국민을 기만한 건 사실이나 단지 정권을 공고히 하려는 목적만 있었던 게 아니라 세계 평화를 위한 조치이기도 했다. 따라서 전략적 거짓말이었다는 것이다. 하지만 수많은 사람은 그의 의견에 반대했다. 민주국가 국민에게는 알 권리가 있고, 특히 그게 국민의 생명과 재산에 관련된 문제라면 더욱 그러했다. 따라서 그런 거짓말은 옳지 않다는 게 다수의 입장이다. 또 케네디 대통령이 자신의 영웅 이미지와 강인한 면모를 구축하기 위해 채택한 일종의 OPC였다고 보는 견해도 있다.

그런데 사실 국제 관계에서 사기에 관한 연구는 매우 드물다. 공산주의 국가든 자본주의 국가든 기본적으로 국제 사회에서는 신의성실 원칙을 강조하기 때문이다. 대다수가 생각하는 것처럼 국가와 국가 사이가 그렇게 전부 서로 속고 속이는 관계는 아닌 것이다.

민주적일수록
거짓말을 하지 않을까?

참고 자료를 보다 보니 정치 거짓말을 다룬 서적이 미국에는 많지만 다른 국가에는 상대적으로 적다는 사실을 발견했다. 민주제든 전제 군주제든 예로부터 시대를 막론하고 정치가 생긴 이래 정치 사기는 늘 존재했다. 아니면 정치인에 대한 사람들의 신뢰가 낮다고 말할 수 있겠다. 심지어 민주 정치 체제에서 정치 거짓말이 더 많다. 왜냐하면 유권자 비위를 맞춰야 하고 정치인은 유권자가 자신의 단점을 알아챌까 봐 두렵기 때문이다. 전제 군주제는 군주가 마음대로 결정하기 때문에 오히려 그렇게까지 많은 거짓말이 필요 없다.

따라서 정치 사기를 칠지 말지는 정치 체제와 딱히 관계가 없다. 민주국가에 선거가 있기는 하지만, 후보자가 정치적 견해를 밝힐 때 당신은 그게 사기인지 아닌지 모른다. 투자 사기 상대방에게 처음부터 떼돈을 벌 수 있다고 말하는 것처럼, 정치도 이와 마찬가지다. 자신을 뽑아주면 당신을 위해 무슨 일이든 하겠다며 미래를 약속하지만 당선되지 않으면 그건 말 그대로 사기다. 정치에서 사기는 사실 어떠한 특수성도 없으며 사기 형식마저 천편일률적이다.

그러므로 우리는 애초에 사기가 시간적 과정이라는 점을 유념해야 한다. 일이 발생한 최초 시점은 사기가 아니다. 어느 단계에서는 사기와 진실에 큰 차이가 없기 때문에 사기를 방지하거나 거짓말 여부를 구분하기가 그만큼 어렵다.

동기, 과정, 결과로 사기인지 아닌지 판단할 때 정치 사기로 얻는 결과가 대개 추상적이고 허황하다는 걸 알게 되었다. 정치 사기의 목적은 이념일 수도 있고 미래에 나눠 가질 이익일 수도 있다. 어쩌면 그보다도 "이기면 충신, 지면 역적"이라는 관점에서 행사하는 결정권일지도 모르겠다.

그런데 때로는 이념이 목적인 사람이 가장 무서울 때가 있다. 이익이 목적이면 다른 더 큰 이익이 있는 쪽으로 움직인다. 하지만 이념에서 비롯한 정치적 집착은 너무도 강력하기 때문에 이데올로기가 어쩌면 가장 답이 없는 경우라고 할 수 있다.

많은 사람이 이데올로기, 즉 다른 사람들과 우리의 차이를 강화하려고 한다. 우리는 좋은 사람 그들은 나쁜 사람, "친구 아니면 적"이라고 말하는 것이다. 이는 "그를 인정하면 그가 곧 진리이고 그를 인정하지 않으면 그가 곧 사기다"라는 말로 다시 돌아간다. 대립을 조장하는 건 가장 오래된 방법이다. 지금까지도 가장 효과적인 방법이지만, 이건 결코 국민에게 유익한 일이 아니다.

나는 정치인이 표심을 얻기 위해 속이는 일이 공약보다 많다고 생각한다. 다들 저마다 정치적 성향이 있을 텐데, 나 역시도 마찬가지다. 그렇다고 정치 사기를 논외로 해야 할까? 아니, 그렇지 않다. 오히려 정당에 대한 지지와 반대를 뛰어넘기 위해 더욱 노력해야 한다. 주변의 정치 상황을 살펴볼 때는 자신이 가진 기존의 이데올로기가 어떤 일에 대한 판단에 영향을 미치는지 아닌지 특히 더 조심해야 한다. 그렇지 않으면 그동안 우리가 공부한 건 헛수고가 되고, 아무리 잘나고 똑똑한 사람도 그 현명함이 전혀 쓸모가 없어질 테니 말이다.

6장

지금껏 사랑이
쉬운 적은 없었다

"사람들이 친밀한 관계에서 가장 긍정적으로 느끼는 결과는

내가 상대방을 속이지 않기 때문에

상대방이 나를 속이지 않는다고 믿는 것이다."

팀 콜

예전에 대만대학교에서 '사랑의 사회학'이라는 강의를 개설한 적이 있다. 이후 '사랑사史 사회학'과 '사랑과 사회 이론' 수업이 더해져 '사랑 3부작'이 되었다. 그런데 나는 강의에서 한 번도 '사기와 사랑'을 다룬 적이 없다. 그래서 이번 장에서는 사랑에서 나타나는 거짓말과 사기를 논의하려고 한다. 이로써 연애할 때 어떻게 사람들이 자기도 모르게 '단점은 감싸주고 장점은 치켜세우는' 거짓말을 하는지 알게 될 것이다.

어떤 사람은 헤어진 후에 헤어지기 전의 일을 회상하는 건 전부 사기라고 본다. "애초에 날 사랑해놓고 왜 나랑 헤어지는 거지?"라고 생각하기 때문이다. 특히 현대인은 이미 '데이팅앱'을 이용해 새로운 상대를 사귀고, 각종 SNS로 인맥을 넓히는 데 익숙하다. 낯선 사람은 인터넷으로 교감을 쌓고 공감대를 형성하기 때문에 '단점은 감싸주고 장점은 치켜세울' 시간과 공간적 여유가 더 많다. 그렇다면 불확실성이 더 높은 환경에서는 사랑이 어떤 식으로 탄생하고 또 어떻게 변화하는 걸까?

신뢰는 어떻게 사기가 되는가

공들여 계획한 전략 게임:
파트너 선택 연구

생물학 교수 줄리안 파울 키난Julian Paul Keenan, 심리학자 고든 지 갤럽 주니어, 니콜 굴레Nicole Goulet, 므린모이 쿨카르니는 1997년 성별 차이가 인류의 파트너 선택 전략mating strategy에 영향을 준다는 연구 결과를 발표했다. 연령대는 18~34세이고 올버니 뉴욕주립대학교 대학생인 여성 48명, 남성 18명을 대상으로 조사한 것이다.

　이 연구의 전제(가정)는 진화심리학 연구 결론에 입각해 인류가 파트너를 선택할 때 성별에 따라 다른 전략과 역전략을 취한다는 것이다. 남성은 더 많은 여성과 교배해 더 많은 후손을 번식하길 원하기 때문에 여성의 외모와 생식 능력에 끌린다. 남성이 여성의 생식 능력을 판단하는 단서는 여성의 나이, 체중, 체력이다.

이는 번식에 대한 남녀 차이에서 기인한다. 남성은 정자 생성 속도가 빠르고 9개월이나 되는 임신 기간을 보내지 않는다. 그래서 일부 남성은 '기록을 세우려고' 결혼 전에 가능하면 더 많은 여성과 성관계를 맺길 원한다. 이는 마치 황춘밍黃春明의 소설《사요나라, 짜이젠莎喲娜啦,再見》에 등장하는 대만에 온 일본 매춘단 '천인참千人斬 클럽'과 비슷하다. 이 클럽 사람들은 자신과 성관계를 맺은 여자의 모발을 수집하고 자신이 얼마나 많은 여성과 잠자리를 가졌는지 기록한다.

남성은 여성 외모에 쉽게 끌려서 여성의 신체 사이즈(가슴, 허리, 엉덩이 둘레)에 주목한다. 전통적으로 여성의 가슴이 클수록 수유 능력이 뛰어나고 엉덩이가 클수록 아이를 쉽게 낳는다는 인식이 있다. 이는 당연히 직관적인 관념이며 정확한 과학적 지식이 아닐 수도 있다. 이런 관념은 여성주의자들이 진화심리학을 혐오하는 중요한 원인이 되기도 한다. 남성적인 편견이 그득한 것처럼 보이기 때문이다.

한편 여성이 낳을 수 있는 자녀의 수는 한계가 있다. 따라서 여성은 자신과 자녀를 가장 잘 보호하고 안전을 보장해줄 남성을 찾으려고 하며, 생활에 필요한 자원을 가장 많이 제공할 수 있는 남성에 주목한다. 아이를 낳아 기르려면 많은 비용이

신뢰는 어떻게 사기가 되는가

들어가는 만큼 여성은 남성의 속임수를 탐지하는 데도 유달리 민감하다. 그런데 이는 남편감은 '회사에서 잘릴 걱정 없는 철밥통'으로 구해라, 여자는 한번 속아 넘어가면 평생 고생한다는 식의 전통적인 관념들이다.

연구 방식은 데이트를 할 때 이성이 어떤 전략을 써서 본인을 어필하는지 테스트하는 것이다. 28가지 문항을 만들고 크게 약속commitment, 재무financial, 신체physical 세 부류로 나누었다.

약속 기만행위

약속과 관련한 문제에서는 아래 네 가지를 가정했다.

1. 데이트할 때 이성은 상대방이 믿게끔 실제보다 아이를 낳아 기르는 것에 관심이 있는 모습을 보여야 한다.
2. 이성은 실제보다 상대방에게 더 많은 약속을 할 것처럼 보여야 한다.
3. 데이트할 때 이성은 실제보다 오랫동안 관계를 유지할 의사가 있는 것처럼 보여야 한다.
4. 이성은 상대방에게 깊은 인상을 남기도록 실제보다 부모가 되는 데 관심이 있는 것처럼 과장해야 한다.

돈과 권력이 있는 집안은 자식을 낳아 기르는 능력을 매우 강조한다. 간단히 말해 "부잣집에 시집가면 아들을 낳아야 한다"고 생각하는 것이다. 또 유치원 교사, 초등학교 교사, 간호사 등 특정 직업을 가진 여성에 특별히 호감을 느끼는 사람들이 많다. 예전에 우리 세대는 이렇게 교육받았다. "나중에 결혼할 거면 교사랑 하는 게 제일 좋아. 애가 학교에 들어가면 좋은 반에서 공부할 수 있거든. 간호사도 괜찮아. 기본적으로 마음이 따뜻하고, 가족이 아프면 좋은 의사 선생님한테 치료받고 좋은 병실에도 입원할 수 있으니까." 마치 당신의 인생이 다 결정된 것처럼 이야기하는 것이다.

감정적으로는 지조 있는 사람처럼 보여야 한다. 아이를 좋아한다고 말하며 앞으로 자신이 좋은 아빠나 좋은 엄마가 될 것 같은 인상을 풍겨야 한다. 그런데 요즘 시대에 데이트하면서 상대방에게 아이 둘을 낳고 싶다고 말한다면 과연 짝을 찾을 수 있을지 잘 모르겠다. 현대인은 대부분 결혼을 안 하거나 늦게 하고 심지어 자녀 계획이 없는 경우도 있다. 아이가 생기면 여성의 신체, 두 사람의 미래 계획에 지대한 영향을 미치기 때문이다.

재무 기만행위

재무와 관련한 문제에서는 아래 다섯 가지를 가정했다.

신뢰는 어떻게 사기가 되는가

1. 첫 데이트 때 이성은 실제보다 돈이 더 많아 보이게 옷을 입어야 한다.
2. 데이트할 때 이성은 상대방에게 깊은 인상을 남기도록 자신의 커리어에 대한 목표를 과장해야 한다.
3. 데이트할 때 자신이 실제로 부담할 수 있는 것보다 더 많은 돈을 써야 한다.
4. 이성과 데이트할 때 자신의 직책을 과장해야 한다.
5. 데이트할 때 신용카드를 사용함으로써 상대방에게 깊은 인상을 남겨야 한다.

재무 상태가 중요하기 때문에 기만행위가 나타나는 것이다. 그런데 극히 일부이긴 하지만 반대 모습을 보이는 사람들도 있다. 실제로는 돈이 많은데 편한 옷차림으로 나가 상대방이 자신의 금전적인 능력을 보지 않길 바라는 것이다. 직책을 과장하는 건 이런 경우다. 요즘은 꽤나 거창하게 들리는 직책들이 많다. 예전에 학생회 간부를 조장組長이라고 부른 것처럼 지금은 부장部長이라고 하면 정치인만큼 대단하게 들린다. 나는 학생이 무슨 학술부장이라고 하는 말을 들었을 때 무릎이라도 꿇어야 하는 건가 싶었다. 이렇게나 높으신 분이 행차하시다니!

그리고 요즘은 신용카드 없이 휴대폰만 있어도 모바일 결제가 가능하다.

신체 건강 상태 기만행위

신체 건강 상태와 관련한 문제에서는 아래 여섯 가지를 가정했다.

1. 실제보다 더 날씬하고 커 보이게 부츠나 하이힐을 신어야 한다.
2. 얼굴에 아쉬운 점이 있으면 데이트하기 전에 감춰야 한다.
3. 데이트할 때 평소보다 몸매가 더 드러나는 옷을 입어야 한다.
4. 데이트할 때 평상시 몸동작(걸음걸이, 앉는 자세, 선 자세)을 바꿔야 한다.
5. 자신의 체형을 보완하는 옷(넉넉한 옷, 검은 옷, 무늬가 있는 옷)을 입어야 한다.
6. 수영복을 입을 때 상대방 앞에서는 '배를 홀쭉하게' 해야 한다.

이 연구를 통해 여성은 출산과 육아를 고려하기 때문에 이런 기만행위들이 겉으로 드러나는 성적 동기apparent sexual motivation에서 기인하는 걸 알 수 있다. 한편 남성은 상대방의 성적 동기 유무에 크게 개의치 않는 만큼 성적 동기가 기만행위

신뢰는 어떻게 사기가 되는가

원인이 되는 경우는 별로 없다. 심리학자 윌리엄 툭, 로리 카밀이 1991년 연구한 바에 따르면, 남자는 약속과 재무, 여성은 신체에 관한 거짓말을 했다. 분명한 건 인류가 기만행위를 통해 이성의 관심을 끌었고 예로부터 지금까지 이런 상황이 쭉 존재했다는 점이다. '일단 속이고 보자'는 뜻으로 이해할 수도 있다. 가끔 부부들이 결혼할 당시를 떠올리며 "내가 속았지"라고 말하는 걸 보면 어느 정도 '사기'를 인정하는 것 같기도 하다.

남녀의 진화 전략은 많이 다르다

이밖에 2005년 심리학자 마티 해즐턴, 데이비드 버스, 빅터 오베이드, 알로이스 앵글레이트너 등은 '전략 간섭 이론Strategic Interference Theory'을 연구했다.

'전략 간섭 이론'은 원래 데이비드 버스가 1989년 제시한 진화심리학 연구다. 이 이론에 따르면, 남녀는 서로 다른 적응 문제에 직면하며 여성은 반드시 남자와 성행위를 해야만 아이를 낳을 수 있다. 이런 차이로 인해 남녀의 성 전략divergent sexual strategy은 다르게 진화했다.

여성은 진화 과정에서 남성이 가진 지위와 자원을 바라지만, 전 세계 남성은 여성의 지위와 자원에 희망을 거는 경우가 거의 드물다. 이런 관념을 '남재여모(男才女貌, 남자는 재능, 여자는 미모)'라고 하는데 사실은 '남재여모(男財女貌, 남자는 재물, 여자는 미모)'다. 드라마에서도 '카리스마 남회장과 여비서' 이야기는 많지만 '카리스마 여회장과 미소년' 이야기는 상대적으로 드물다. 남녀 불평등 같기는 하지만 유능한 여성은 결혼시장에서 좋지 않은 이미지로 비치곤 했다. 하지만 최근에 각국 드라마나 영화를 보면 이런 상황이 역전되어 나타나는 추세다.

여성은 자녀에게 장기적으로 부성 투자(paternal investment, 아버지가 양육에 참여하는 것으로 대개 금전적 지원을 가리킨다 - 역주)를 해줄 사람을 찾는데, 요즘 시대에는 이 일이 무척 중요해졌다. 성행위에 동의하기 전에 여성은 구애하는 시간을 꽤 길게 갖는다. 남성의 지위와 자원을 주목하는 동시에 기꺼이 장기간 자원을 제공해주겠다고 약속하는 남성을 찾는 것이다. 부잣집에 시집가는 것이 그 예다.

하루아침에 아이가 생긴 경우, 파트너가 오랫동안 경제적 지원을 해줄 수 있기만 하면 다른 건 크게 신경 쓰지 않는 사람도 있다. 아이의 이익을 빼앗지만 않으면 되는 것이다. 일단 엄마가 되면 자식의 미래에 더 신경을 쓰고 남편과 잘 지내는 일은 등한시하는 여성들이 많다.

그런데 이게 예전에 진행한 연구라는 걸 유념해야 한다. 현대 여성은 기존의 전통적인 방식을 따르는 쪽과 결혼하지 않고 아이를 낳거나 동거하면서 아이를 낳지 않는 쪽을 선택할 수도 있다. 여성 본인도 지위와 자원이 있는데 왜 군이 지위와 자원을 제공해줄 남성을 찾으려고 하겠는가? 아이를 원한다고 해서 꼭 남성에게 기대야 하는 것도 아니다. 어떤 사람들은 뜻이 맞는 사람을 찾거나 아니면 정자은행에서 정자를 제공받아 아이를 갖는다. 성행위조차 생략하는 것이다. 이렇듯 선택지가 더 많아졌다.

하지만 한 사람의 목표, 욕망, 전략이 간섭을 받으면 분노와 주관적 고통으로 이어질 수 있다. 예를 들어 누군가에게 고백했다가 거절당한다든지 사귀다가 헤어진다든지 하는 건 정말 괴로운 일이다. 그런데 이런 감정들은 무의미한 게 아니라 나름의 기능을 갖는다. 다음과 같다.

1. 간섭하는 일에 초점을 맞춘다.
2. 그 일들을 기억에 남긴다.
3. 행동으로써 전략 간섭의 출처를 줄이거나 없앤다.
4. 기억을 회수memorial retrieval해 유사한 간섭이 뒤이어 일어나지 않게 한다.

이론에 따르면, '화(노여움)'라는 '부정적' 감정은 진화과정에서 전략 간섭 문제 해결법으로 특별히 선택된 것이다. 다시 말해 화는 진화적으로 의미가 있다는 뜻이다. 예를 들어 두려움은 당신을 보호한다. 두려운 감정이 어떤 일들을 선뜻 하지 못하게 만들기 때문이다. 그저 단순한 고통과 걱정에 불과한 것이 아니다.

마티 해즐턴 등은 '전략 간섭 이론'에 근거해 남성 239명(평균 연령 18.8세), 여성 240명(평균 연령 18.4세)을 연구했다. 그 결과, 남자와 여자는 이성과 소통할 때 서로 다른 파트너 선택 적응 문제에 직면하고, 분야마다 다른 파트너 선택 욕망이 존재하며, 다른 파트너 선택 전략을 추구했다. 이게 바로 파트너 선택 기만행위가 시작된 원인이다.

남자와 여자는 추구하는 욕망이 다르기 때문에 경험하는 기만행위 형태에도 차이가 있다. 예를 들어 여성은 자원 기만행위에 특히 민감하다. 역사적으로 남성이 여성에게 흔히 하는 약속 기만행위는 적응adaptation의 문제일 때가 많다. 성 사기sexual deception에서 여성은 남성이 성행위를 하도록 속일 의향이 있는 반면, 남성의 정서적 불안정은 이런 전략 간섭에 대처하기 위해 진화해왔다.

그러나 이 연구 결과에서 주의할 점이 있다. 첫째, 성과 질투의 관계를 알아내지 못했다. 이는 수많은 연구 결과와 다른 부분이다. 둘째, 나이와 사기의 관계에 대해서도 알아내지 못했다. 이는 연구 대상의 나이와 관련이 있을지도 모른다. 남성은 진짜 나이에 대한 정보가 아니라 나이를 가늠할 수 있는 단서에 더 신경을 쓴다. 이밖에 속은 경험과 속은 후의 정서 반응도 예상보다 훨씬 복잡했다.

그는 왜 내게 진실을 말하지 않을까?
친밀한 관계의 소통 전략

친밀한 관계에서도 "너 지금 나 속이고 있는 거 아냐?"라는 의문이 들 때가 있다. 상대방이 자신에게 사실대로 말하지 않는다고 생각하는 것이다.

1989년 대인 커뮤니케이션 학자 산드라 메츠는 친구, 데이트 상대, 약혼자, 파트너 등 네 가지 친밀한 관계의 기만적 소통 deceptive communication을 연구했다. 친밀한 관계 특유의 기만적 소통 유형과 이유, 그 이유들이 친밀한 관계와 어떤 관계가 있는지, 감정 성격이 유형, 이유와 어떤 관계가 있는지 등이 그 예다.

메츠는 경제학과 미디어학을 공부하는 대학생 300명, 대학에 재입학한 나이든 학생 90명을 대상으로 연구했다. 그 결과 남성 160명(45퍼센트), 여성 196명(55퍼센트)이 성별을 기재하지 않았고 평균 연령은 24.3세(연령대는 17~58세)였다.

　우리가 자주 논의하는 친밀한 관계는 남자친구와 여자친구밖에 없지만, 이 연구에서는 친구, 데이트 상대, 약혼자, 파트너로 나눈 점은 짚고 넘어갈 만하다.

나도 믿지 않는 거짓말

　먼저 이 연구가 정의한 '기만'은 일부러 잘못된 정보를 제공해 상대방이 진짜라고 믿게 만들지만, 그 정보는 본인도 믿지 않는 정보다. 저자는 네 가지 주요 거짓말 유형lie type을 재정의했다.

　1. 조작falsification. 진짜 정보와 상충하는 정보를 긍정하거나 진짜 정보의 유효성을 대놓고 부정하는 것이다. 예를 들면 이런 경우다. "그녀가 내게 어디 갔냐고 묻길래 공부하러 갔다고 했어. 사실은 친구랑 놀고 있었는데 그 말은 안 하고."

　2. 왜곡distortion. 정보를 과장 또는 축소하거나 애매모호하게 만들어 상대방이 진실을 알 수 없게 함으로써 기존 정보를 잘못 해석하는 결과를 낳는 것이다. 예를 들면 이런 경우다. "시카고에서 돌아온 후 나는 룸메이트한테 그 여자와 있었던 수많

은 일을 이야기했어. 심지어 일어나지도 않은 일까지 말이야."

3. 생략omission. 관련 정보를 제공하지 않는다는 것이다. "난 그녀에게 내가 그녀를 동정해서 결혼했다고 말할 수 없었어."

4. 도피escape. 원래는 분류할 수 없는 항목으로 취급되는 것이다. "난 내 여자친구가 곤란해질 만한 일들을 했지만, 어쨌든 다 털어놓았고 여자친구가 곤란해지지도 않았어." 요즘 버전으로 바꿔 말하면 이런 것이다. "난 내 수양딸과 손을 잡았지만 아내는 몰랐어. 알았다면 엄청 화를 냈겠지."

그러니까, 왜 거짓말을 하는가?

저자는 기만의 이유를 다른 사람 사정을 봐주기 위해(파트너 중심), 자신을 보호하기 위해(거짓말을 한 장본인 중심), 관계를 지키기 위해(관계 중심), 소통 과정에서 자신의 목표를 달성하기 위해(문제 중심) 등 네 가지로 귀납할 수 있다고 본다.

1. 파트너 중심: 거짓말을 한 사람 관점에서 보면 파트너의 태도나 행위가 기만을 부추긴 것이다. 아래 일곱 가지 상황을 포함한다.

파트너가 상처받지 않게 하려는 상황: "만약 내가 그에게 말한다면 그는 틀림없이 상처받을 거야."

파트너의 심신 상태에 관심을 보이는 상황: "내 생각에 당시 그녀는 진실을 받아들일 수 없는 상태였어. 너무 지쳐 있었고 스트레스도 상당했거든."

파트너의 체면, 이미지, 자존심을 지키려는 상황: "그녀는 언제나 내 비위를 맞추며 내가 그녀에게 스스로를 얕잡아보지 말라고 격려하길 바랐어."

파트너와 제3자 관계를 지키려는 상황: "나는 그녀의 친한 친구와 가까운 사이인데 그녀가 알게 되면 두 사람이 절교할 걸 알아."

거짓말한 사람을 대하는 파트너의 태도와 감정이 불확실한 상황: "그 사람이 나를 어떻게 생각하는지 모르겠어. 그를 놀라게 하고 싶지 않아." 혹은 "그 사람이 이 일을 농담으로 받아들일지 어떨지 몰라서 자신이 없어." 그래서 잘못한 사람들 대다수는 상대방에게 용서받지 못한다는 걸 알게 되면 아예 거짓말을 해버린다. 그런데 잘못을 하면 용서받지 못하는 게 당연하다. 그 와중에 거짓말까지 보탰으니 잘못이 두 배가 된 것이다. 그것도 그렇지만 잠깐은 속일 수 있을지 몰라도 평생을 속일 수 있을까? 그런 의미에서 거짓말은 가장 수지타산이 맞지 않는 일이다.

파트너가 알고 싶지 않다고 이미 말했거나 그런 전례가 있

는 상황: "밖에서 당신이 뭘 하고 다니는지 알고 싶지 않아." 이게 과연 마음이 넓어서 하는 말일까? 사실은 더 이상 실망할 수 없을 만큼 당신에게 실망했다는 뜻이다. 당신에게 이미 화려한 전적이 있기 때문일 것이다.

파트너가 거짓말을 한 사람이 판단하는 것보다 자신의 이미지를 좋게 생각할 때 오히려 그 이미지를 깎아내리는 상황: "자신이 훌륭한 쿼터백(quarterback, 미식축구에서 공격팀 주전 선수)이라고 생각하는 그에게 실상은 그렇지 않다고 말했다."

2. 거짓말을 한 장본인 중심: 아래 상황을 포함한다.

파트너가 생각하는 거짓말한 사람의 이미지를 보호하고 더 좋게 만들려고 하거나 거짓말한 사람에게 파트너가 기대하는 역할을 위반한 상황: "그녀는 내가 그런 짓을 할 여자가 아니라고 생각한다."

거짓말한 사람의 자원을 보호하고 파트너가 계속 보상이나 노동을 제공하게 만드는 상황: "만약 내가 돈이 많다고 말하면 그 사람은 돈을 챙겨 돌아오지 않을 거야." 혹은 "그 사람 차가 내 거보다 좋아. 그런데 누가 자기 차를 우그러트린 걸 알면 더 이상 자기 차를 나한테 빌려주지 않을 거야."

파트너에게 미움을 받거나 남용될까 봐 두려운 상황: "과거 경험상 만약 그가 진실을 알게 되면 나와 우리 애의 앞날은

캄캄해질 거야."

거짓말한 사람이 진실에 대한 확신이 없어서 어떻게 표현해야 할지 모르는 상황: "나조차도 내 생각을 모르겠는데 어떻게 그녀에게 나를 이해하라고 할 수 있겠어?" 이는 거짓말을 하는 흔한 이유이기도 하다. 자신도 왜 그런 일을 했는지 모르겠다고 말하는 것이다. 예전에 어느 유명인이 "눈 떠보니 모텔이었다"고 말한 것처럼 말이다. 이런 거짓말을 해서 대체 누굴 속이려는 걸까? 분명한 건 거짓말을 한 사람이 누군가 그 말을 믿을 거라고 생각한다는 점이다.

3. 관계 중심: 이유는 아래 상황을 포함한다.

충돌과 유쾌하지 않은 장면을 피하는 상황: "난 한바탕 소동이 일어날까 봐 두려워."

관계의 상처나 잠재적 이별을 피하는 상황: "난 그녀가 나와 헤어지는 게 맞다고 봐."

4. 문제 중심: 이유는 아래 상황을 포함한다.

이건 아주 사소한 문제라고 생각하는 상황: "그녀에게 나의 외도 사실을 알리지 않았어. 고작 하룻밤이니까 외도는 아니지."

이건 너무 사적인 문제라고 생각하는 상황: "이건 내가 잘못한 건데 그녀랑 무슨 상관이 있어?"

연구 결과 기혼자는 거짓말 유형에서 '생략'을 선택하는 비중이 높고 '공공연한 조작'을 선택하는 비중은 낮았다. 두 사람이 같이 산 세월이 있어서 언제 거짓말을 하는지 알고, 굳이 말하지 않아도 '척하면 척' 하고 알아듣는 경지인데 뭣 하러 조작을 하겠는가? 거짓말하는 이유에 대해서는 상대방 체면이나 자존심을 상하게 하지 않기 위해서라는 답변이 높은 비중을 차지했다.

데이트하는 사람의 경우, 상대방에게 지나치게 이용-abuse당하거나 스트레스를 받지 않으려고 '자신의 자원resource을 보호'하기 위해 거짓말을 한다는 비중이 높았다. 친밀한 관계가 상처를 입거나 끝나지 않게 하려고 거짓말을 한다는 답변도 많았다.

누군가 이런 말을 한다고 하자. "난 너도 좋아하고 그 사람도 좋아해. 근데 두 사람을 좋아하는 감정의 종류가 달라. 난 두 사람 모두 나를 떠나지 않았으면 좋겠어." 간혹 오래 지속될 수 있는 삼각관계가 존재하는 이유가 여기에 있다. 그 삼각관계가 매우 안정적이기 때문이다. 사회학에서 말하는 '이원관계二元關係'에서 한 사람이 못마땅해하며 떠나버리면 관계는 사라진다. 그런데 삼각관계, 즉 삼원관계(삼원체)는 한 사람이 떠나도 두 사람(이원체)이 남으니 정말 미묘한 관계가 아닐 수 없다!

의무인가 재량인가? 진실과 거짓말의 경계

2014년 심리학자 캐틀린 엘리제 로건색, 앨런 실라스도 연인관계에서 나타나는 진실과 거짓말 행위를 연구했다. 이 연구의 주제는 관계의 의무 규칙과 재량 규칙의 인정, 성실과 기만에 대한 이해 등에 초점이 맞춰졌다. 다시 말해 우리가 어떤 관계를 시작한 후 특별히 신경 쓰는 공감대, 비밀, 사생활 영역과 같은 주제들이다. 반드시 서로 공유해야 하는 것(의무 규칙)은 무엇이고 굳이 공유할 필요가 없거나 공유하고 싶지 않은 것(재량 규칙)은 무엇인지, 스스로 해야 하는 것(재량 규칙)은 무엇인지, 규칙으로 정해야 하는 것(의무 규칙)은 무엇인지 등이다. 이는 관계를 이어나갈 때 문제가 생길 수 있거나 충돌할 수 있는 부분이며 솔직함과 거짓말의 경계를 조율할 수 있도록 도와주는 부분이기도 하다.

연구 대상은 이성 커플 73쌍, 동성 커플 2쌍으로 사귄 기간이 평균 47.7개월이었다. 이중 꾸준히 데이트하는 커플은 69퍼센트, 가끔 데이트하는 커플은 3퍼센트, 약혼한 커플은 6퍼센트, 결혼한 커플은 23퍼센트였다. 여성의 연령대는 18~54세, 남성은 18~58세였으며 연구 대상은 주로 백인이었다.

의무 규칙obligatory rule과 재량 규칙discretionary rule 목록은 다음 표와 같다.

의무 규칙	재량 규칙
우리 사이에 하얀 거짓말(선의의 거짓말) 은 용납되지 않는다.	나와 공유할 사항을 내 파트너가 결정해도 상관없다.
	어떤 일을 공유했을 때 충돌이 생길 것 같 으면 공유하지 않는 편이 낫다.
우리는 관계에 관한 모든 일을 공유해야 한다.	진심을 터놓고 공유하기에 적합하지 않은 때도 있다.
우리는 거짓말을 하지 않고 앞으로의 우리 관계를 논의할 수 있어야 한다.	내게 직접적인 영향을 미치지 않는 한(과 거의 건강 문제나 앞으로의 관계) 비밀은 문제가 되지 않는다.
과거의 연애사를 서로 알리는 게 중요하다.	비밀은 문제가 되지 않는다. 만약 폭로하 면 자기 자신이나 파트너에게 상처를 줄 수 있지만 유대감을 강화할 수 있다면 폭 로해야 한다.
	내 파트너의 감정을 상하게 하거나 그/그 녀를 불쾌하게 만들지 않기 위한 거라면 세부적인 내용을 생략해도 문제가 되지 않 는다.
내 파트너가 이성과 같이 있을 때는 반드 시 내게 알려야 한다.	내 파트너는 모든 일을 내게 알려야 할 의 무가 없다.
내 파트너가 만약 문제에 부딪혔다면 반드 시 내게 알려야 한다. 내가 문제에 부딪혔 을 때도 상대방에게 무조건 알려야 한다.	나와 내 파트너는 정말 필요한 경우가 아니 라면 서로 모든 일을 까발릴 필요가 없다.
내 파트너는 자신의 하루 일과에 나를 참 여시켜 그가 하루 대부분의 시간을 어디에 서 보내는지 알게 해야 한다.	나와 내 파트너는 서로 비밀을 간직할 수 있다.
내 파트너는 만약 나에게 무슨 일이 생겼 을 때 누구와 연락해야 하는지 솔직하게 말해야 한다.	나와 내 파트너는 하루 종일 붙어 있을 수 있지만 반드시 그래야 하는 것은 아니다.

나와 내 파트너는 질투를 느끼면 말해야 한다.	관계를 해치지만 않는다면 비밀이 있어도 상관없다.
나와 내 파트너는 자신의 재무 상황을 분명하게 말해야 한다.	서로 과거 연애사를 공개하지 않아도 문제가 되지 않는다.
	나와 내 파트너가 어느 정도 독립성을 유지하는 게 중요하다.
나와 내 파트너는 서로 모든 일을 밝혀 비밀이 없어야 한다.	충돌이 일어날 수 있는 일을 공유하지 않는다면 크게 문제될 것이 없다.
외출했을 때 나와 내 파트너는 모든 세부사항을 설명해야 한다.	상대방에게 특수한 주제, 반드시 밝혀야 하는 정보를 묻지 않는 한 서로에게 비밀이 있어도 문제가 되지 않는다.
나와 내 파트너는 자신에게 혼자 있을 시간이 필요하다고 솔직하게 말해야 한다.	관계에 직접적으로 영향을 주지 않는다면 나는 파트너와 공유할 필요가 없다.
나와 내 파트너는 감정적인 관계 그 자체에 대해 자신이 느끼는 점을 솔직하게 말해야 한다.	나는 내 파트너의 성관계 경험을 공유할 필요가 없다.
나와 내 파트너는 좋은 감정이든 나쁜 감정이든 자신의 가장 솔직한 감정을 표현해야 한다.	나는 내 파트너의 하루 일과를 모두 알 필요가 없다.
나와 내 파트너는 일편단심이어야 한다.	내 파트너 가족에게 일어난 일은 그의 개인사다.
	별것 아닌 세부사항을 왜곡하는 건 문제가 되지 않는다.
나는 언제든 내 파트너가 어디에 있는지 알아야 한다고 생각한다.	중요하지 않은 사소한 일을 왜곡하는 건 문제가 되지 않는다.
내 파트너가 문자, SNS, 이메일을 통해 누구와 연락하는지 알아야 한다.	서로에게 백퍼센트 솔직한 건 영원히 필수사항이 아니다.
건강 관련 문제는 어떤 상태든 상관없이 공유해야 한다.	

약물을 쓰거나 술을 마실 때는 공유해야 한다.	
서로 직접적이어야 한다.	
내 파트너는 내가 동의해도 문자나 내 컴퓨터처럼 나의 개인 소지품을 검사하는 걸 용납하지 않는다.	

표 6-1 의무 규칙과 재량 규칙

(자료 출처: Katlyn Elise Roggensack and Alan Sillars)

연구 결과를 보면 의무 규칙을 인정하는 사람이 재량 규칙을 인정하기도 하는데, 이를 통해 솔직함이나 기만에 대한 인정은 역설적이라는 걸 알 수 있다. 기만 여부에 대해 아직은 공감대가 형성되지 않은 것처럼 보이지만 기만이 관계의 도를 넘는 행위라는 데는 이견이 없다. 그밖에 의무 규칙을 인정하는 것과 약한 충돌 사이에도 관련이 있었다. 파트너가 인정한 의무 규칙이 많기는 해도 공감대가 부족하면 의무 규칙이 충돌의 원인이 될 수도 있다.

규칙의 인정은 성 고정관념과도 관련이 있다. 예를 들면 여성은 남성보다 의무 규칙을 더 인정하고 남성은 재량 규칙을 더 인정하는 편이다. 남성이든 여성이든 성 고정관념을 토대로 파트너의 규칙에 대한 인정 여부를 예측했는데, 성 고정관념에 따른 예측은 대부분 옳았다. 다만 남성은 모두 재량 규칙을 인정할 거라고 확신한 일부 여성의 예측이 실제와 달랐을 뿐이다.

우리는 정말 사랑의 거짓말을 분별할 수 있을까?

사회학자 팀 콜은 2001년 연인관계에서 기만행위의 정도 차이와 가능한 해석, 기만이 친밀한 관계에 미치는 영향을 주제로 연구를 진행했다. 그는 친밀한 관계인 파트너의 삶에 거짓말뿐만 아니라 말하지 않은 정보나 일부러 회피하는 화제가 있을 수 있다고 언급했다. 팀 콜은 예전에 연인관계에서 나타나는 기만행위를 연구했을 때 거짓말 탐지에 주안점을 두었다. 해당 연구에 따르면, 거짓말은 탐지하기 어렵고 연인 사이에서는 대부분 상대방의 말과 행동이 진실하다고 가정했다.

팀 콜의 연구에서 사람들이 친밀한 관계에서 가장 긍정적으로 느끼는 결과는, 내가 상대방을 속이지 않기 때문에 상대방이 나를 속이지 않는다고 믿는 것이었다. 기만은 나 자신에게 부정적인 결과를 가져오고 상대방에게도 반드시 긍정적인 결과를 가져온다고는 볼 수 없었다. 속인 사실이 들통나지 않는 한, 사람들은 보통 상대방의 기만행위를 부분적으로 알아차리는 데 그치며 파트너가 자신보다 솔직하다고 가정했다.

연구에서도 나타나듯, 파트너의 기만행위가 두 사람 모두에게 부정적인 결과를 가져온다고 믿기 때문에 팀 콜은 상대방이 거짓말을 했다고 의심하면 친밀한 관계가 오래 지속할 수 없다고 생각한다. 의심은 거짓말로 이어지고 이로 인해 친밀한 관계는 내리막길을 걷는다. 이는 의심을 키우며 기만행위가 늘어나는 결과로 이어진다. 사회 운영도 마찬가지다. 사회는 호혜 원칙이 있어야만 성립할 수 있으며 서로 속고 속이는 방식으로는 절대 운영할 수 없다.

같은 이유로, 심하게 의심하는 관계는 오래 지속할 수 없다. 어쩌다 파트너가 무슨 짓을 했느냐며 당신을 추궁하는 경우, 실제로 잘못을 한 거면 인정하겠지만 정말 잘못한 게 없으면 너무 억울해서 무슨 말을 해야 할지 모를 때가 있을 것이다. 예전에 이런 학생이 있었다. "교수님, 제 남자친구는 저랑 사귀면서도 길 가다가 딴 사람을 쳐다봐요." 내가 말했다. "남자친구 눈이 안 보이는 게 아닌 이상 당연히 다른 사람을 보겠지, 안 그래? 남자친구가 그 사람을 보고 쫓아가기라도 했어? 딴 사람을 쳐다봤어도 너랑 사귀고 있는 거 아냐? 눈이 있는데 보지 말라면 어쩌라는 거지? 너랑 사귀면 자기 눈을 찌르기라도 해야 되는 건가?"

또 연구를 통해 알 수 있는 건 기만행위가 항상 관계 악화에 대처하는 도구로 쓰이는 것 같다는 점이다. 일부 긍정적인 기능을 하는 기만행위가 있을 수도 있겠으나 속임수를 예외 없이 쓰다가는 친밀한 관계가 더 곤란해진다. 이런 기만행위는 어디까지 속여야 상대방이 기쁜지, 상대방 의심을 어느 정도 불러일으키는지 알 수 없기 때문이다.

신뢰는 어떻게 사기가 되는가

당신이 파트너의 외모, 화장, 옷차림을 칭찬했다고 하자. 상대방이 새 옷을 산 걸 보고도 못 본 체할 수는 없다. 그 옷을 입으니 정말 예쁘다고 말해야 하는 것이다. 여성은 대부분 상대방이 어떻게 꾸몄는지 주의 깊게 살펴본다. 따라서 여자들끼리 만나서 하는 인사를 들을 때마다 나는 이해가 안 될 때가 많다. 왜냐하면 이런 식으로 말하기 때문이다. "못 보던 신발이네!" 새 신발도 알아챌 만큼 눈이 한시도 가만있지 않은 것이다!

또 다른 일화는 내가 젊었을 때 배운 것인데 다들 참고하길 바란다. 이성의 외모에 대해서는 어떤 평가도 하지 않아야 인생이 편안하다. 그 덕에 내가 지금까지 살아남은 것이다. 예전에 얼마나 많은 학생이 내게 이런 질문을 했는지 모른다. "저 오늘 이렇게 입으니까 예쁜 것 같아요?" 그럴 때마다 내 대답은 한결같았다. "네가 만족스러우면 그만이지." "교수님 보시기에는 별로예요?" "왜 아무 말씀도 안 해주세요?" 나는 괜한 문제를 일으키기 싫다고 말했다. 스승과 제자 사이에 그런 문제에 대한 논의는 불필요하다. 학생의 외모와 옷차림은 교수와 아무 상관 없는 일이니까!

랜선 연애에서 현실 커플이 되는 건 어렵다?
SNS 세대의 사랑 문제

위스콘신대학교 커뮤니케이션 전공 교수인 카탈리나 토마는 2010년 온라인 데이트에서 나타나는 감정과 기만에 대해 연구했다. 인터넷에 자신의 신체적 매력이 드러나는 자료를 제공한 사람 69명을 대상으로 '심판'을 통해 이들의 신체적 매력에 점수를 매긴 것이다.

연구 결과, 신체적 매력이 떨어지는 사람은 키, 몸무게, 나이 등 자신의 신체 정보를 과장하는 것으로 나타났다. 반면 직업, 수입 등 신체적 매력과 무관한 정보에 대해서는 과장하거나 왜곡하지 않았다. 이런 기만행위는 일정 부분에 한정되고 전략적이었다. 그리고 확률이 낮기는 하지만 첩보 영화에 나올 법

신뢰는 어떻게 사기가 되는가

한 잠입 요원이라서 신분을 싹 갈아엎어야 한다든지 아니면 미국의 증인보호 프로그램 대상자로 새 신분을 얻는 게 아닌 이상 모든 걸 다 속이는 사람은 드물었다.

자기 연출과 캐릭터 구축

이 연구는 미국 웨이크 포레스트대학교 마크 리어리와 로빈 코왈스키의 '자기 연출의 두 가지 요소 모형two-component model of self presentation'을 인용하며 기만행위를 할 때 '인상 동기impression motivation'와 '인상 구조impression construction'를 주의해야 한다고 강조한다.

'인상 동기'란 자기를 표현하는 사람이 다른 사람들 눈에 보이는 자신의 이미지를 통제하는 것을 말하고, '인상 구조'란 다른 사람 눈에 보이는 자신의 이미지를 선택하고 만드는 것이다. 기만행위가 이제 막 시작해서 당신이 아직 기만의 동기를 모르는 상태이면 그 과정이 가끔 실제 상황과 같아 보일 때가 있다. 사랑을 기만하는 행위도 마찬가지다. 그가 당신에게 잘하는 건 정말 당신을 좋아해서일 수도 있지만 당신을 속이기 위해서일 수도 있다.

속이는 사람 입장에서 동기 과정은 자신의 좋은 면을 보여주는 것이다. 속이고 있다는 걸 당신에게 들키면 안 되기 때문이다. 한편 구조 과정은 신분이 바뀌는 것이다. 일단 속이기 시작하면 사기꾼 프레임은 당신의 것과 동기화되어 그가 당신에게 잘한다고 믿게끔 만들어야 한다. 문제는 그 프레임을 사기꾼만 알고 당신은 모른다는 것이다.

허위진술 전략이 '사기'다

인터넷 소통과 대면 소통 차이를 지적한 연구가 해외에도 있다. 인터넷 소통은 정적 상태static이고 구두(목소리)나 사진을 통해 자신의 외모를 드러낸다. 대면 소통은 동적 상태dynamic이며 구체적embodied이다.

인터넷 소통은 시각과 언어 표현에 의존하며 대면 소통보다 의도적이고 전략적으로 좀 더 다양한 방식을 통해 자신을 드러낸다. 우리 같은 구세대는 인터넷에서 친구를 사귀는 일이 매우 낯설다. 인터넷 사교의 장에서는 유행하는데 우리는 무슨 뜻인지 모르는 말들도 많다.

또 외모적으로 매력이 부족한 사람은 인터넷 소통을 통해 더 다양한 방식으로 자기 자신을 연출할 수 있다. 특히 과학기술이 발전하면서 사진을 보정하는 앱의 기술 수준이 무서울 정도다. 중국판 틱톡 더우인(抖音·Douyin)에서 해당 프로그램을 켜면 왕훙(網紅, 중국 인플루언서)의 얼굴이 다 똑같아진다. 깜빡

잊고 프로그램을 실행하지 않으면 정말이지 상상도 못할 얼굴이 등장하는 것이다. 연구를 통해 인터넷 사용자 중 81퍼센트의 프로필에는 사실이 아닌 정보가 적어도 한 개 이상이며, 심지어 얼굴을 마주하고 소통할 때도 걸리지 않았다는 걸 알 수 있다.

그밖에 2010년 제프리 홀, 박남기, 송하연, 마이클 코디 등이 온라인 데이트의 '전략적 허위진술strategic misrepresentation'을 연구했는데, 여기에서는 특히 '성별', '자기 모니터링'과 '개인 특성' 간의 관계에 주안점을 두었다. '사기' 대신에 '전략적 허위진술'이라는 단어를 사용한 것은 전략을 사용한 사람이 일부러 상대방이 믿었으면 하는 방향으로 상대방을 유도한다는 뜻이다.

남성은 개인의 자산, 관계 목표, 개인적 취향, 개인 특성 등에서, 여성은 신체와 관련해서 허위진술을 하기 쉽다는 데서 전략적 허위진술의 성별 차이가 드러났다. 이는 앞에서 언급한 진화심리학의 성별 차이와 상호 대조된다. 진화적으로 여성은 자원을 가진 쪽을 선택하고 장기적인 관계를 목표로 하는 남성을 추구하는 경향이 있다. 반면 남성은 생식 능력을 드러내는 여성(나이, 건강한 외모, 허리-엉덩이 비율 등)을 선택한다. 하지만 이런 진화심리학 관념들이 지금 시대에 적용해도 여전히 고정관념으로 비쳐질 수 있다는 점을 경계해야 한다.

사랑과 통제를 구분하기는 너무 어려워

자기 모니터링은 다른 사람에게 자신에 대한 좋은 인상을 갖게 하려고 가장 좋은 홍보 이미지를 만들어 자신의 언행과 외모를 가장 적절하게 표현(인상 관리, impression management)하는 것이다. 따라서 자기 모니터링이나 타인 지향은 온라인 데이트의 전략적 허위진술을 예측하는 최적의 요소다.

자기 모니터링을 세게 하는 사람은 외모적으로 더 매력이 있는 온라인 데이트 대상을 찾고 각종 전략(감정적 호소와 통제)으로 타인에게 영향을 주고 목표를 달성한다. 반면 자기 모니터링을 약하게 하는 사람은 자신의 태도, 가치, 신념에 솔직하게 반응할 수 있고 다른 사람의 감정을 통제하지 않는다.

여기에서 '통제'는 중요한 주제다. 통제욕이 강한 사람인지 아닌지 어떻게 알 수 있을까? 통제욕이 강한 사람은 당신의 모든 정보를 알려고 한다. 당신이 지금 어디 있는지 휴대폰으로 위치 추적을 하고 당신이 누구와 대화하는지 등 모든 걸 감시하려는 것이다.

흔히 통제하길 좋아하는 사람은 자신감이 부족하다. 통제하지 않으면 자기 생활의 중심이 사라지고 무슨 일이든 자기 뜻대로 해야 한다고 생각한다. 이는 자기애성 인격 장애의 특징이기도 하다. 이런 사람을 만나면 상당히 괴롭다. 폭력적 성향이

신뢰는 어떻게 사기가 되는가

있어서 '공포스러운 연인'이 될 가능성이 높다.

개인 특성은 심리학에서 말하는 '빅 파이브 성격 이론'으로 신경성, 외향성, 자율성, 친화성, 개방성이다. 이중 친화성은 사람들과 잘 어울리고 인간관계가 좋은 걸 의미한다. 자율성을 지닌 사람은 제시간에 수업을 들으러 오고 음식 섭취를 절제하며 생활 패턴이 질서정연하다. 개방성을 지닌 사람은 새로운 사물을 접하는 걸 두려워하지 않는다. 이 세 가지 특성도 오도(허위 진술)와 일맥상통한다.

다섯 가지 성격 특성 요소와 관련해 연구 결과를 보면 신경성은 데이트 약속을 잡기 위한 기만행위와 양의 상관관계가 있고 먼저 안정적인 정서를 드러내는 경우가 많다. 그러면 상대방이 '공포스러운 연인'인지 아닌지 어떻게 판단해야 할까? 나는 판단하기 어렵다고 본다. 왜냐하면 공포스러운 행위가 일어나기 전까지 상대방은 좋은 연인이고, 심지어 보통 연인보다 더 좋은 사람이기 때문이다. 그는 자상하고 배려심이 넘치며 세심하기까지 하다.

신경성을 지닌 이런 사람은 일단 상대방을 손에 넣으면 통제 본성을 서서히 드러낸다. 하지만 그 또한 당신을 사랑할 때 나타나는 모습과 같기 때문에 당신은 이렇게 느낀다. "그 사람은 날 너무 사랑해. 내가 누구랑 만나는지 관심이 많다니까. 이

따 식사 마치면 날 데리러 올 거야." 정작 이게 통제라는 걸 생각지도 못한 채 말이다.

사랑과 통제는 똑 닮은 형태로 나타나는 만큼 둘을 구분하는 건 당신이 어떻게 해석하느냐에 달렸다. 사이가 좋을 때는 사랑이라고 느끼다가 사이가 좀 틀어지면 그제야 그가 당신을 통제한다는 생각이 든다. 사기도 마찬가지 아닌가? 사기꾼인 그의 정체를 알기 전까지 그 사람이 당신에게 잘해주는 것처럼 말이다. 이게 다 당신을 위한 거라며 당신을 위하는 척 얼른 가서 돈을 이체하라는 식이다.

외향성을 지닌 사람은 성생활을 중시하는 편이며 파트너에게 충실하지 않기 쉽다. 이런 사람들은 화장실, 비행기 안 등 당신이 싫어하는 장소나 위험한 장소에서 성행위를 하고 싶어 한다. 수많은 포르노에서는 그런 소재들로 사람들의 성적 판타지를 충족시킨다. 자율성이 낮은 사람은 미래에 나타날 결과를 크게 신경 쓰지 않고 일시적인 기회를 중시한다. 친화성이 떨어지는 사람은 데이트 기회를 얻기 위해 전략적인 허위진술 방식을 채택할 수 있다. 개방성이 높은 사람은 자신감, 재능, 창의력이 있는 편이라 전략적 허위진술로 데이트 기회를 얻지 않는다. 그런 의미에서 개방성이 높은 사람이 그나마 안전하다고 할 수 있다.

신뢰는 어떻게 사기가 되는가

캐릭터 설정에서 벗어나 현실로 들어가다

제프리 홀 등이 진행한 위 연구에서도 예전의 관련 이론들을 회고하며 '사회적 일체감과 몰개성화 모델the social identification and deindividualization model; SIDE'과 '사회 정보 처리 이론the social information processing[SIP] theory' 두 가지 이론 유형을 제시해 인터넷으로 친구를 사귀는 사람들이 어떻게 자기 연출을 하는지 해석했다.

첫 번째로 '사회적 일체감과 몰개성화 모델'이다. '컴퓨터 매개 커뮤니케이션computer-mediated communication; CMC'은 익명성을 지니고 최소한의 사회적 관계와 대인관계 실마리를 제공한다. 따라서 사회 범주social category에 의존하는 게 대부분이다. 다시 말해 개인의 신분으로 인상을 주기보다는 출신 학교, 회사, 직장 등 단체 신분에 의존한다는 의미다.

사회가 인정하는 학력과 직위는 친구를 사귈 때도 현실적으로 고려하는 사항이다. 예전에 직장을 구할 때는 어느 대학 출신이면 합격할 수 있을지 없을지가 거의 결정된 것이나 다름없었는데 지금도 그런 심리가 남아 있다. 심지어 어느 학교를 나오면 사회에서 그 사람의 특성을 어느 정도 보장하는 측면도 있다. 시험을 잘 본 사람은 좋은 사람이고 쉽게 일자리를 구하는 사람이라는 인식이다.

두 번째는 '사회 정보 처리 이론'이다. 1978년 조직행동학자 제럴드 샐런칙과 제프리 페퍼가 제안한 이 이론은 1992년 조셉 월터가 커뮤니케이션과 미디어 연구 분야에 인용했다. 이 이론은 컴퓨터를 매개로 소통하는 사용자가 엄선된 언어와 정보 구성을 통해 자신을 선택적으로 보여준다는 내용을 주로 서술한다.

일상생활에서 우리도 다른 사람에게 좋은 인상을 주려고 자신의 가장 좋은 면은 부각시키되 별로 안 좋은 부분은 슬쩍 감추지 않는가. 그런데 자기 연출을 다루는 능력이 강하면 허위 진술할 기회가 늘어나기도 한다.

2006년 니콜 엘리슨, 레베카 하이노, 제니퍼 깁스 세 사람이 진행한 과학 연구에 따르면, 인터넷 사용자는 진실한 자아, 올바른 자아 모습과 이상적 자아, 기대하는 자아 모습 사이에서 가장 적절한 균형을 찾는다. 이는 오늘날 유튜버들이 자신을 경영하고 캐릭터를 구축하는 것과 비슷하다. 자신이 대단한 능력자인 것처럼 보여주려면 유튜브에서 주요 콘텐츠뿐만 아니라 패션, 메이크업까지 총동원해 자신을 거장처럼 만들어야 한다.

다만 어떻게 자아와 자아 사이의 균형을 찾고 어떻게 그것을 보여줄지가 문제다. 어떻게 하면 온라인에서 실제 만남으로 이어졌을 때 환상이 깨지지 않고 현실에서도 인간관계를 지속할 수 있을까? 이것이 요즘 세대의 교우관계에서 나타나는 독특하고 어려운 문제가 되었다.

온라인에서 벌어지는 감정 사기를 예방할 수 있을까?

2017년 카탈리나 토마는 온라인에서 벌어지는 감정 사기를 전문적으로 연구했다. 특히 사기를 예방하거나 탐지할 수 있는지 없는지를 논의했는데, 연구 도중 인터넷 사용자들은 온라인 사기를 탐지하는 방법을 자체적으로 개발하기도 했다. 연구 과정에서 일반적으로는 최근 만날 수 있는 시간을 묻거나, 아니면 상대방의 형식적인 답변과 그가 회피하는 문제에 대해 물었다. 온라인에서 낯선 사람에 대한 신뢰도trustworthiness를 평가할 때는 아래 세 가지를 살핀다.

1. 미세한 징조. 예를 들어 첨부한 사진 수나 자기소개 글자 수가 자세하면 자세할수록 믿을 수 있다.
2. 불확실성을 감소시키는 정보들. 의미 있는 정보인지 아닌지와 상관없이 상대방이 제공하는 정보가 많으면 많을수록 신뢰할 수 있다.
3. 소통 스타일. 명확하고 구체적인 글일수록 신뢰할 수 있다. 글을 보면 글쓴이가 문과 성향인지 이과 성향인지 나타난다. 물론 상대방이 주는 정보나 글도 거짓으로 꾸몄

을 가능성이 있다. 계정 하나로 다른 스타일의 글을 여러 편 올리기도 한다.

아쉽게도 현재까지 나온 연구 결과들을 보면 일반인에게 인터넷 사기를 탐지하는 능력은 떨어지지만, 전문가와 우리 같은 일반인이 사기를 판단한 결과에는 거의 차이가 없었다. 이는 '진실 편향truth bias', '비언어적 단서의 오도misguidance of nonverbal cues', '기본 정보 무시disregarding baseline information'에 그 원인이 있다.

'진실 편향'은 거짓이라는 증거가 없는 한 상대방 말을 진실로 받아들이는 경향이다. 사회적 동물인 사람은 서로 의지하지 않으면 사회생활을 지속하기 어렵다는 데서 기인한다. '비언어적 단서의 오도'란 사람이 시선을 피하는 걸 거짓말의 징조로 여기지만, 이게 사실이 아니라는 걸 증명하는 수많은 연구가 있다는 뜻이다. '기본 정보 무시'는 거짓말과 평상시 말과 행동이 다르기 때문에 일단 상대방의 평소 습관을 알면 이상한 낌새를 눈치 챌 수 있다는 것이다. 그 일상적인 말과 행동이 네티즌은 접근할 수 없는 영역이라는 게 문제이긴 하지만 말이다.

사실 길고 긴 인류 역사에서 인터넷이 등장한 건 불과 몇 십 년밖에 되지 않았다. 그럼에도 스마트폰이 생긴 이후 인터넷이 빠르게 발전하면서 커뮤니티, 온라인 친구 사귀기, 원 나잇 스탠드가 보편화되고 현대인이 인간관계를 유지하는 패턴도 바뀌었다. 이번 장의 주제가 비록 사랑을 이용한 사기였지만 많은 분량을 할애해 인터넷을 다룬 이유도 그 때문이다. 사람들은 현실 생활이 아니라 온라인 공간에서 자신을 표현하고 자신의 인간관계를 증명하며 타인과의 관계를 발전시킨다.

하지만 남성이나 여성의 배우자 선택 전략이 변화한 이유는 인터넷 때문만이 아니다. 시대가 발전하면서 성별 의식이 달라지고 성별이 갖는 선택지도 많아졌기 때문이다. 우리는 더 이상 단순하고 전통적인 의식에 얽매일 필요가 없으며 새로운 시각으로 상대를 이해해야 한다. 그래야 감정을 악용한 기만행위를 줄일 수 있다. 사랑에 관한 나의 조언은 언제나 한결같다. 서로 동등하게 대우하고 사랑하며 함께 노력하라는 것이다. 사랑은 우리를 더 나은 사람으로 만들어주기 때문이다. 우리가 사기를 공부하는 것도 실은 그와 같은 진실한 사랑을 만나기 위해서가 아니겠는가.

'사기 현실'과의 완전한 결별을 꿈꾸며

이제 사기가 무엇인지 감이 오는가. 선뜻 정체를 확신하지는 못하더라도, 나는 독자들이 단순히 도덕적으로 비난하는 감정적인 측면에서 벗어나 좀 더 다양한 시각에서 사기의 면면을 이해할 수 있기를 바라며 이 책을 썼다.

먼저 나는 다양한 주제와 맥락에 따라 넓은 의미와 좁은 의미로 나누어 '사기'라는 단어를 사용했다는 점을 상기시키고자한다. '사기'가 '장난', '은폐', '거짓말', '기만'의 뜻을 내포할 때도 있었고, 오로지 법률에서 규정한 범죄행위를 의미할 때도 있었다. 일반적으로 말의 앞뒤 논리가 맞지 않는다든지 상충되거나 일치하지 않는 경우, 말과 행동이 서로 어긋나기만 하면 사기에 해당했다. 그런데 사기가 성립하려면 시간적 요소를 고려해야 할 때가 있다. 일정 시간이 지나야 비로소 정체를 드러내는 사기가 있기 때문이다. 따라서 탄로 나기 전까지는 사기 행위와 정상적인 행위 사이에 차이가 없어서 식별하기 어려운 게 정상이다.

우리는 사기꾼(개인이나 단체, 주모자나 조력자), 사기당한 사람, 방관자(법 집행자, 네티즌) 등 사기와 관련된 사람들, 사기 과정에서 주요 무리의 행위 동기, 과정, 결과를 고려하기도 한다. 특히 사기 수법은 사기 예방 교육에서 중점적으로 다뤄야 하는 부분이다. 이는 책에서 예시를 다룰 때 특별히 강조한 내용들이니 관련된 사례를 읽을 때 다방면으로 주의 깊게 살펴보기 바란다.

그다음으로 '거짓말'이나 '사기'가 사악한 '사기 집단'의 '전유물'이 아니라는 걸 알아야 한다. 우리 역시 일상생활에서 알게 모르게 크고 작은 '거짓말'과 '사기'에 가담한 적이 있다. 따라서 거짓말과 사기는 결코 남의 일이 아니라 우리 모두의 일이다. 그런 의미에서 생사존망이 걸린 상황이 아니면 우리는 최대한 거짓말을 하거나 사기치지 않으려고 노력해야 한다. 이는 자신의 이익을 위해 남을 해할 수 없다는 도덕적 마지노선이다. 차라리 자신을 희생할지언정 남에게 해를 끼치는 거짓말을 해서는 안되는 것이다. 물론 모든 사람이 서로를 해치지 않고 공생할 수 있는 경지가 가장 이상적이며 우리가 함께 노력해야 할 목표이기도 하다.

　사기는 사람들이 증오하는 일이고 범죄행위처럼 심각한 사기도 있지만, 유사 이래 어느 곳이든 사기는 존재해왔다. 인류는 거짓말이나 사기를 식별할 수 있는 방법과 발명을 끊임없이 강구했지만, 완벽한 효과를 보지는 못했다. 그렇다고 낙심해서 사기 현상에 굴복하면 안 된다. 사기는 어디에나 있지만, 사회마다 사기를 폭로하고 처벌하는 제도가 존재한다. 사기 집단이 날뛰는 것도 다 한때다. 이 세상에 과연 오랜 시간 살아남은 사기 집단이 있었는지 생각해보라. 성실하고 정직한 삶이야말로 우리가 지향하는 바다. 또 그런 삶을 몸소 실천하는 것이 근심 없이 생활하고 사회가 지속적으로 발전할 수 있는 지름길이다.

　사기 사건들이 존재하고 끊임없이 나타나는 현상은 어찌 보면 우리가 사기(집단)의 생존 법칙을 이해할 수 있도록 도와주는 측면도 있다. 사회의 암울한 구석에서 생존하는 사람들의 생활 현실을 반영하는 동시에 아름다운 세상에 대한 우리의 동경을 나타내기 때문이다. 음지에 속한 사기꾼과 사기 집단을 어떻

　　　　　　　신뢰는 어떻게 사기가 되는가

게 하면 양지로 돌아오게 할 수 있을지는 우리가 깊이 생각해보고 함께 노력해야 할 과제인 것 같다.

지난 몇 장에 걸쳐 기초를 쌓은 덕분에 이제는 선배 사회학 이론가들의 개념을 통해 사기를 자세히 살펴볼 능력이 생겼다. 오스트리아계 미국인 사회학자 알프레드 쉬츠는 '다중 현실multiple realities'이란 개념을 제시했다. 우리가 이 개념을 사기 사건을 분석하는 데 적용한다면, 사기꾼은 사기를 치는 동안 계속 '사기 현실'에 사는 반면, 속은 사람은 '진짜 현실'에서 산다고 할 수 있다. 속은 사람은 일이 터지고 어느 정도 시간이 지났을 때 자신이 '진짜'라고 믿었던 현실에서 철저하게 속았다는 걸 깨닫는다. 그리고 사기꾼과 "알고 보니 그동안 일어난 모든 것이 '사기 현실'이었다"는 데 공감대를 형성하게 된다. 하지만 그때는 사기꾼이 이미 훌쩍 떠나버린 뒤이고 이로써 '사기 현실'도 막을 내린다.

만약 캐나다계 미국인 사회학자 어빙 고프만의 '프레임 분석Frame analysis'을 사용한다면, 사기꾼과 속은 사람이 같은 사회

적 상황에서 소통하며 '정한frame 현실'은 일치하지 않는다. 사기꾼은 처음부터 능동적으로 '사기' 모드를 채택하는 한편, 속는 사람은 수동적으로 '정상적인 사회생활의 신의성실' 모드에 놓인 채 소통하는 것이다. 더 복잡하고 골치 아픈 건 사기 안에 사기가 존재하는 상황이다. 마치 러시아 전통 인형 마트료시카처럼 사기극 안에 수많은 사기극이 겹겹이 숨어 있는 형국이다. 첩보 작전의 이중 간첩, 일본 영화 〈컨피던스 맨 JPThe Confidence Man JP〉(사기꾼이라는 뜻 – 역주)의 사기꾼이나 일본 드라마 〈쿠로사기クロサギ〉의 사기꾼이 바로 이런 '다층 프레임' 안에서 움직인다. 〈쿠로사기〉에서 사기꾼을 속이는 사기꾼 흑로는 함정을 만들어 백로를 기만하고 사기꾼의 진면목을 폭로하지 않는가 (드라마에 세 종류의 사기꾼이 등장하는데, 사람을 속여 돈을 가로채면 백로, 치정을 미끼로 하면 홍로, 백로와 홍로만 먹잇감으로 삼으면 흑로라고 한다—역주).

그밖에 언급할 만한 것은 어빙 고프먼의 《자아 연출의 사회學The Presentation of Self in Everyday Life》 제4장 부분이다. 여기에서

신뢰는 어떻게 사기가 되는가

고프만은 일상생활에서 나타나는 비밀의 종류를 먼저 논의한 다음 이것을 다시 두 가지로 나누었다. 하나는 '어두운' 비밀, '전략적' 비밀, '자기만의' 비밀 등 세 가지, 또 하나는 '신뢰받는 entrusted' 비밀, '자유로운free' 비밀 두 가지다.

그는 '표리부동한 역할discrepant role'을 논의하며 잠입 스파이informer, 바람잡이shill, 정탐꾼spotter, 다른 가게에 가서 정보를 수집하는 사람shopper, 중재자(go-between or mediator, 하찮게 여겨지는 사람non-person, 종업원이나 고용인) 등 여섯 유형의 인물을 열거했다. 이는 우리가 일상생활에서 거짓말이나 사기가 아닐 수도 있는 '표리부동한 현상'을 관찰하고 사고하는 데 큰 도움이 될 것이다.

사기 현상은 어디에나 있기 때문에 매일의 뉴스, 새로 나오는 영화나 드라마 작품을 조금만 주의 깊게 살펴봐도 쉽게 접할 수 있다. 여전히 미흡한 부분이 있기는 하지만, 이 책은 내가 기존에 하던 강의 세 개를 바탕으로 해마다 내용을 보충한 것이니, 이 책에서 다루지 못한 주제들은 독자들이 맡아주면 좋겠다. 하나를 보면 열을 아는 응용력을 발휘해 스스로 알아낼 수 있으리라 믿는다. 아니면 내가 다시 열심히 책을 읽고 공부해서 머지않아 내용을 보완해 속편을 출간할 때까지 기다려주시길 바란다.

마지막으로 우리가 알고 있는 사기 사건 과정은 생략된 언론 보도나 대중매체에서 각색된 '재현'에서 비롯한다는 점을 재차 당부하고 싶다. 이는 사기 사건의 대략적인 윤곽만 파악한 것이라 자세하고 풍부한 내용이 결여되어 있다. 이로 인해 우리가 사기 사건 전체를 바라볼 때 눈앞에 하나 혹은 그 이상의 가림막이 씌워져 사기의 완전하고 진실된 면모를 제대로 살펴보기 어려운 것이다. 사건의 진상을 아는 것은 양날의 칼처럼 우리가 사기당하지 않게 막아줄 수도 있지만 동시에 우리가 남을 속이는 데 악용될 수도 있다.

사기를 어떻게 활용해야 할지는 각자의 도덕관념과 함께 자기 자신도 미처 알아채지 못한 스스로의 어두운 면을 살펴 결정해야 할 것이다. 다만 나는 모든 사람이 밝은 길을 향해 걸어가길 바랄 뿐이다. 모두가 '사기'에 부응하는 어두운 길로 들어서지 말고 언제나 '진실'의 힘으로 자신을 무장하여 밝게 빛나는 삶을 살아가길 바란다.

1장. 인류 역사는 곧 사기의 역사다

1. 《논어》(전문 https://ctext.org/analects/zh)

2. 《손자》(전문 https://ctext.org/art-of-war/zh)

3. 《한비자》(전문 https://ctext.org/hanfeizi/zh)

4. 《세설신어》(전문 https://ctext.org/shi-shuo-xin-yu/zh)

5. 장응유(張應兪), 1994, 《두편신서(杜騙新書)》, 상해: 상해고적(上海古籍). (전문 http://www.gutenberg.org/files/24021/24021-0.txt)

6. 〈성경 속 거짓말(聖經中謊言)〉, 언페이(恩沛), 《성령(聖靈)》, 463(2016년 4월), p.64~69. http://www.joy.org.tw/file/holyspirit/463/201604-463-64

7. 아리스토텔레스, 2003, 《니코마코스 윤리학》, 랴오선바이(廖申白) 옮김, 북경(北京): 상무(常務).

8. Aristotle. 1934. The Nicomachean Ethics. Tr. by H. Rackham. Cambridge, MA.: Harvard University Press.

9. 아우구스티누스, 2009a, 〈거짓말에 관하여〉, 《도덕론집(道德論集)》. 스민민(石敏敏) 옮김, 북경: 삼련서점(三聯書店), p.161~206.

10. 아우구스티누스, 2009b, 〈거짓말에 반하여〉, 《도덕론집》. 스민민 옮김, 북경: 삼련서점, p.207~254.

11. 성 토마스 아퀴나스, 2008, 《신학대전》, 제10권 〈정의와 도덕 기능의 일부 또는 부덕에 관하여(중문 역서 제목: 論義德之功能部分或附德), 후안더(胡安德) 옮김, 타이난(臺南), 가오슝(高雄): 벽악학사(碧岳學社)와 중화도명회(中華道明會).

12. 마키아벨리, (2012)2019, 《군주론》, 뤼젠중(呂健忠) 옮김, 타이베이: 난란서옥(暖暖書屋).

신뢰는 어떻게 사기가 되는가

13. 칸트, 1990, 《윤리형이상학 정초Grundlegung zur Metaphysik der Sitten》, 리밍후이(李明輝) 옮김, 타이베이: 연경(聯經).

14. 칸트, 2010, 〈선한 동기로 거짓말을 할 수 있는 권리에 관하여〉, 리추링(李秋零) 책임 편집: 《칸트저작전집(康德著作全集)》, 제8권 《1781년 이후의 논문》, 북경: 중국인민대학(中國人民大學), p.433~439.

2장. 아무도 믿지 않으면 속지 않을까?

1. Robert K. Merton. 1936. "The Unanticipated Consequences of Social Action," American Sociological Review, 1(December): 894-904. Reprinted in his Sociological Ambivalence and Other Essays. New York: The Free Press. 1976. Pp. 145-155.

2. Robert K. Merton. 1948. "The Self-Fulfilling Prophecy," The Antioch Review, 8, 2(Summer): 193-210.

3. Robert K Merton. 1968. Social Theory and Social Structure. New York: The FreePress.

4. Robert K Merton. (1981)1982. "Our Sociological Vernacular," Columbia, (November): 42-44. Reprinted in Aaron Rosenblatt and Thomas F. Gieryn. Eds. Robert K. Merton: Social Research and the Practicing Professions. Cambridge, MA.: Abt Books. Pp. 100-106.

5. Piotr Sztompka. 1999. Trust: A Sociological Theory. Cambridge: Cambridge University Press.

6. Russell Hardin. 2006. Trust. Cambridge: Polity.

7. Barbara A. Misztal. 1996. Trust in Modern Societies: The Search for the Bases of

Social Order. London: Polity Press.

8. 마크 그라노베터Mark Granovetter, 2019, 《사회와 경제: 체제와 원칙Society and Economy: Framework and Principles》, 왕수이슝(王水雄), 뤄자더(羅家德) 공역, 북경: 중신(中信).

9. David Nyberg. 1993. The Varnished Truth: Truth Telling and Deceiving in Ordinary Life. Chicago: University of Chicago Press.

10. 이언 레슬리Ian Leslie, 2012, 《타고난 거짓말쟁이들Born Liars: Why We Can't Live Without Deceit》, 양위윈(楊語芸) 옮김, 타이베이: 만유자문화(漫遊者文化).

11. 마크 냅Mark L. Knapp외 3인, 2011, 《인간 상호작용에서의 거짓말과 속임수Lying and Deception in Human Interaction》, 정팡팡(鄭芳芳) 옮김, 북경: 기계공업(機械工業).

12. 마리아 코니코바Maria Konnikova, 2016, 《뒤통수의 심리학The Confidence Game: Why We Fall for It... Every Time》, 홍샤톈(洪夏天) 옮김, 타이베이: 상주(商周).

13. 폴 에크만Paul Ekman, 2005, 《거짓말: 시장, 정치, 결혼의 사기극 폭로Telling Lies : Clues to Deceit in the Marketplace, Politics, and Marriage》, 덩보천(鄧伯宸) 옮김, 타이베이: 심령공방(心靈工坊).

14. Bella M. DePaulo. 1995. "Deception,"in Antony S. R. Manstead & Miles Hewstone. Eds. The Blackwell Encyclopedia of Social Psychology. Oxford: Blackwell. Pp. 164-168.

15. Paul Ekman and Wallace V. Friesen. 1978. Facial Action Coding System: A Technique for the Measurement of Facial Movement. Palo Alto: Consulting Psychologists Press.

16. https://zh.wikipedia.org/zh-tw/測謊機 (거짓말 탐지기)

17. https://en.wikipedia.org/wiki/Mental_reservation

3장. 발칙한 자기기만과 사기의 심리

1. Anna Elisabetta Galeotti. 2012. "Self-Deception: Intentional Plan or Mental Event?" Humana Mente, 20(February): 41-66.

2. Mark L. Knapp, Matthew S. McGlone, Darrin L. Griffin, Billy Earnest. 2016. Lying and Deception in Human Interaction. 2nd Edition. IA: Kendall Hunt Publishing.

3. 마크 냅 외 3인. 2011.《인간 상호작용에서의 거짓말과 속임수》, 정팡팡 옮김, 북경: 기계공업.

4. Leon Festinger. 1957. A Theory of Cognitive Dissonance. California: Stanford University Press.

5. Robert Trivers. 2000. "The Elements of a Scientific Theory of Self-Deception," Annals of the New York Academy of Sciences, 907, 1: 114-131.

6. Robert Trivers. 2011. The Folly of Fools: The Logic of Deceit and Self-Deception in Human Life. New York: Basic Books.

7. S. M. Essock, M. T. McGuire, & B. Hopper. 1988. "Self-Deception in Social-Support Networks," in J. S, Lockard & D. L. Paulhus. Eds. Self-Deception: An Adaptive Mechanism? Englewood Cliffs, N.J.: Prentice-Hall. Pp. 200-211.

8. Gary L. Albrecht, Patrick J. Devlieger. 1999. "The Disability Paradox: High Quality of Life against All Odds," Social Science & Medicine, 48, 8 (April): 977-988.

9. Joanna E. Starek and Caroline F. Keating. 1991. "Self-Deception and Its Relationship to Success in Competition," Basic and Applied Social Psychology, 12, 2 (June): 145-155.

10. Shelly E. Taylor & Jonathon D. Brown. 1988. "Illusion and Well-Being: A Social Psychological Perspective on Mental Health," Psychological Bulletin, 103, 2: 193-210.

11. Shelly E. Taylor & Jonathan D. Brown. 1994. "Positive Illusions and Well-Being Revisited: Separating Fact from Fiction." Psychological Bulletin, 116, 1: 21–27.

12. Jack Block & C. Randall Colvin. 1994. "Positive Illusions and Well-Being Revisited: Separating Fiction From Fact," Psychological Bulletin. 116, 1: 28.

13. C. Randall Colvin and Jack Block. 1994. "Do Positive Illu,sions Foster Mental Health? An Examination of the Taylor and Brown Formulation," Psychological Bulletin, 116, 1: 3–20. https://doi.org/10.1037/0033-2909.116.1.3.

14. Delroy L. Paulhus & Kevin M. Williams. 2002. "The Dark Triad of Personality: Narcissism, Machiavellianism and Psychopathy," Journal of Research in Personality, 36: 556-563.

15. Robert D. Hare. 1985. "Comparison of Procedures for the Assessment of Psychopathy," Journal of Consulting and Clinical Psychology, 53, 1: 7–16.

16. Robert Raskin & Calvin S. Hall. 1979. "A Narcissistic Personality Inventory," Psychological Reports, 45: 590.

17. Richard Christie & Florence L. Geis. 1970. Studies in Machiavellianism. New York: Academic Press.

18. 마리아 코니코바, 2016, 《뒤통수의 심리학》, 홍샤톈 옮김, 타이베이: 상주.

19. Natalie Zemon Davis. 1983. The Return of Martin Guerre. Cambridge, MA.: Harvard University Press.

신뢰는 어떻게 사기가 되는가

20. 나탈리 제먼 데이비스Natalie Zemon Davis, 2000, 《마르탱 게르의 귀향The Return of Martin Guerre》, 장정콴(江政寬) 옮김, 타이베이: 연경.

21. 나탈리 제먼 데이비스, 2009, 《마르탱 게르의 귀향》, 류융화(劉永華) 옮김, 북경: 북경대학(北京大學).

22. Milton Rokeach. (1964) 2019. The Three Christs of Ypsilanti. New York: New York Review of Books.

23. 〈써머스비Summersby, 1993〉, 존 아미엘Jon Amiel이 연출하고 니콜라스 메이어 Nicholas Meyer와 사라 케노컨Sarah Kernochan의 극본 및 16세기 프랑스 농민 마르탱 게르의 역사 기록을 각색한 영화다.

24. 〈쓰리 크라이스트Three Christs, 2017〉, 2017년 존 애브넷Jon Avnet 감독이 공동 제작하고 집필한 영화로 밀턴 로키치Milton Rokeach의 논픽션 작품 《입실란티의 세 그리스도The Three Christs of Ypsilanti》를 각색한 것이다.

25. 〈캐치 미 이프 유 캔Catch Me If You Can〉은 2002년에 상영한 미국의 전기 범죄 영화로 스티븐 스필버그가 연출하고 제프 나단슨Jeff Nathanson이 각본을 썼으며 레오나르도 디카프리오, 톰 행크스, 크리스토퍼 월켄, 마틴 신이 주연을 맡았다. 영화의 줄거리는 1960년대 희대의 사기꾼 프랭크 애버그네일 주니어Frank Abagnale Jr.의 자서전을 각색한 것이다.

26. 〈애나 만들기Inventing Anna〉는 뉴욕 매거진에 실린 제시카 프레슬러의 글 〈애나 델비가 뉴욕의 파티 피플을 속인 방법How Anna Delvey Tricked New York's Party People〉을 각색해서 만든 미국 드라마다. 숀다 라임스가 제작하고 애나 클럼스키, 줄리아 가너가 주연을 맡았으며 2022년 2월 11일 넷플릭스Netflix에서 처음 방송되었다.

4장. 아이는 거짓말을 할 줄 모른다?

1. https://zh.wikipedia.org/zh-tw/埃里克森社会心理发展阶段(에릭슨 심리사회적 발달 단계)

2. 《한비자 · 외저설좌상》(전문 https://ctext.org/hanfeizi/wai-chu-shuozuo-shang/zh)

3. Kang Lee. 2013. "Little Liars: Development of Verbal Deception in Children," Child Development Perspective, 7, 2(June): 91-96.

4. Kang Lee. 2016. "Can you really tell if a kid is lying?" TED Talk(https://www. youtube.com/watch?v=6diqpGKOvic)

5. Chelsea Hays and Leslie J. Carver. 2014. "Follow the Liar: The Effects of Adult Lies on Children's Honesty," Developmental Science, 17, 6(November): 977-983.

6. Victoria Talwar & Angela Crossman. 2011. "From Little White Lies to Filthy Liars: The Evolution of Honesty and Deception in Young Children," Advances in Child Development and Behavior, 40(January): 139-179.

7. Robert S. Feldman, Jason C. Tomasian, Erik J. Coats. 1999. "Nonverbal Deception Abilities and Adolescents' Social Competence: Adolescents with Higher Social Skills Are Better Liars," Journal of Nonverbal Behavior, 23, 3: 237–249. https://doi. org/10.1023/A:1021369327584

8. "Do You Know What Your Kids Are Hiding?" McAfee Digital Deception Study 2013. (https://www.mcafee.com/blogs/consumer/digital-divide/)

9. Mark L. Knapp, Matthew S. McGlone, Darrin L. Griffin, Billy Earnest. 2016. Lying and Deception in Human Interaction. 2nd Edition. IA: Kendall Hunt Publishing.

10. M. A. M. Ekman. 1989. "Kids' Testimony in Court: The Sexual Abuse Crisis," in

Paul Ekman. Ed. Why Kids Lie: How Parents Can Encourage Truthfulness. New York: Penguin Books. Pp. 152-180.

11. Herbert Harrati and John W. McDavid. 1969. "Situational Influence on Moral Justice: A Study in Finking," Journal of Personality and Social Psychology, 11: 240-244.

12. John C. Holt. 1982. How Children Fail. Revised Edition. New York: Dell. Bella M. DePaulo, Andrey Jordan, Audrey Irvine, and Patricia S. Laser. 1982. "Age Changes in the Detection of Deception," Child Development, 53: 701-709.

13. Alejo Freire, Michelle Eskritt, & Kang Lee. 2004. "Are Eyes Windows to a Deceiver's Soul? Children's Use of Another's Eye Gaze Cues in a Deceptive Situation," Developmental Psychology, 40, 6: 1093–1104. https://doi.org/10.1037/0012-1649.40.6.1093.

14. Ken J. Rotenberg, Nancy Eisenberg, Christine Cumming, Ashlee Smith, Mike Singh, and Elizabeth Terlicher. 2003. "The Contribution of Adults' Nonverbal Cues and Children's Shyness to the Development of Rapport between Adults and Preschool Children," International Journal of Behavioral Development, 27, 1(January): 21-30. https://doi.org/10.1080/01650250143000571.

15. Peter A. Newcombe and Jennifer Bransgrove. 2007. "Perceptions of Witness Credibility: Variations across Age," Journal of Applied Developmental Psychology, 28, 4: 318–331. https://doi.org/10.1016/j.appdev.2007.04.003.

16. Victoria Talwar and Kang Lee. 2008. "Social and Cognitive Correlates of Children's Lying Behavior," Child Development, 79, 4(July-August): 866- 881. DOI: 10.1111/

j.1467-8624.2008.01164.x

5장. 똑똑해서 오히려 제 꾀에 넘어가다?

1. Jorg Meibauer. Ed. 2018. The Oxford Handbook of Lying. New York: Oxford University Press.

2. Vian Bakir, Eric Herring, David Miller and Piers Robinson. 2019. "Lying and Deception in Politics," in Jörg Meibauer. Ed. The Oxford Book of Lying. Oxford: Oxford University Press. Pp. 529-540.(본 장의 주요 참고 자료)

3. 한나 아렌트Hannah Arendt, (1963)2013, 《예루살렘의 아이히만Eichmann in Jerusalem: A Report on the Banality of Evil》, 스이루(施奕如) 옮김, 타이베이: 옥산사(玉山社).

4. 한나 아렌트, (1973)1996, 〈정치에서의 거짓말-펜타곤 페이퍼 고찰〉, 《공화국의 위기Crisis of the Republic》, 차이페이쥔(蔡佩君) 옮김, 타이베이: 시보문화(時報文化), p.1~34.

5. 존 미어샤이머John J. Mearsheimer, (2010)2011, 《리더가 거짓말을 하는 이유: 국제 정치에서 나타나는 거짓말의 진실Why Leaders Lie: The Truth about Lying in International Politics》, 펑링린(彭玲林) 옮김, 타이베이: 상주.

6. John J. Mearsheimer. 2010. Why Leaders Lie: The Truth About Lying in International Politics. Oxford: Oxford University Press.

7. Max Weber. (1919)1946. "Politics as a Vocation," Trs. by Hans H. Gerth and C. Wright Mills. In Hans H. Gerth and C. Wright Mills. Eds. From Max Weber: Essays in Sociology. New York: Oxford University Press. Pp. 77-128.

　　　　　　　신뢰는 어떻게 사기가 되는가

8. Max Weber. (1919)1978. "Politics as a Vocation," Partially Translated by E. Matthew. In W. G. Runciman. Ed. Max Weber: Selections in Translation. Cambridge: Cambridge University Press. Pp. 212-225.

9. 막스 베버, (1919)1985/1991, 〈직업으로서의 정치〉, 첸융샹(錢永祥) 옮김, 《학술과 정치: 베버 선집(Ⅰ)》, 타이베이: 윤신(允晨): 재판(중판): 타이베이: 원류(遠流).

10. 막스 베버, (1919)2018, 《직업으로서의 정치》, 리중원(李中文) 옮김, 타이베이: 난란서옥.

11. 막스 베버, (1919)2021, 《직업으로서의 정치》, 뤼수쥔(呂淑君) 옮김, 《막스 베버 전집》, 제17권, 북경: 인민, p.112~235.

6장. 지금껏 사랑이 쉬운 적은 없었다

1. Julian Paul Keenan, Gorgon G. Gallup Jr., Nicole Goulet, Mrinmoyi Kulkarni. 1997. "Attributions of Deception in Human Mating Strategies," Journal of Social Behavior & Personality, 12, 1: 45–52.

2. William Tooke & Lori Camire. 1991. "Patterns of Deception in Intersexual and Intrasexual Mating Strategies," Ethology & Sociobiology, 12, 5: 345–364. https://doi.org/10.1016/0162-3095(91)90030-T

3. Martie G. Haselton, David M. Buss, Viktor Oubaid & Alois Angleitner. 2005. "Sex, Lies, and Strategic Interference: The Psychology of Deception Between the Sexes," Personality & Social Psychology Bulletin, 31, 1(January): 3-23.

4. Sandra Metts. 1989. "An Exploratory Investigation of Deception in Close Relationships," Journal of Social and Personal Relationships, 6: 159-179.

5. Katlyn Elise Roggensack and Alan Sillars. 2014. "Agreement and Understanding about Honesty and Deception Rules in Romantic Relationships," Journal of Social and Personal Relationships, 31, 2: 178–199.

6. Tim Cole. 2001. "Lying to the One You Love: The Use of Deception in Romantic Relationships," Journal of Social and Personal Relationships, 18, 1: 107-129.

7. Catalina L. Toma and Jeffrey T. Hancock. 2010. "Looks and Lies: The Role of Physical Attractiveness in On-Line Dating and Deception," Communication Research, 37, 3: 335-351.

8. Jeffrey A. Hall, Namkee Park, Hayeon Song, & Michael J. Cody. 2010. "Strategic Misrepresentation in Online Dating: The Effects of Gender, Self-monitoring, and Personality Traits," Journal of Social and Personal Relationships, 27, 1: 117-135.

9. Gerald R. Salancik and Jeffrey Pfeffer. 1978. "A Social Information Processing Approach to Job Attitudes and Task Design," Administrative Science Quarterly, 23, 2: 224–253. https://doi.org/10.2307/2392563.

10. Nicole Ellison, Rebecca Heino, and Jennifer Gibbs. 2006. "Managing Impressions Online: Self-Presentation Processes in the Online Dating Environment," Journal of Computer-Mediated Communication, 11, 2(Jan): 415-441. https://doi.org/10.1111/j.1083-6101.2006.00020.x

11. Catalina L. Toma. 2017. "Developing Online Deception Literacy while Looking for Love," Media, Culture, & Society, 39, 3: 423-428.

신뢰는 어떻게 사기가 되는가

에필로그

1. Alfred Schutz. (1945)1967. "On Mutiple Realities," Philosophy and Phenomenological Research, 5(June). Reprinted in Maurice Natanson. Ed. Alfred Schutz: Collected Papers. Vol. 1. The Problem of Social Reality. The Hague: Martinus Nijhoff. Pp. 207-259.
2. Erving Goffman. 1974. Frame Analysis: An Essay on the Organization of Experience. New York: Harper & Row.
3. Erving Goffman. (1956)1959. The Presentation of Self in Everyday Life. New York: Doubleday.
4. 어빙 고프먼Erving Goffman, 1989, 《자아 연출의 사회학The Presentation of Self in Everyday Life》, 쉬장민(徐江敏) 옮김, 이도군교(李姚軍校), 곤명(昆明): 운남인민(雲南人民).
5. 어빙 고프먼, 1989, 《자아 연출의 사회학》, 황아이화(黃愛華), 핑강허(馮鋼合) 공역, 절강인민(浙工人民), 북경: 북경대학(재판), 2022.
6. 어빙 고프먼, 1992, 《자아 연출의 사회학》, 쉬장민 옮김, 위보취안(余伯泉) 교정, 타이베이: 계관(桂冠).

신뢰는 어떻게 사기가 되는가

초판 1쇄 인쇄 2024년 10월 30일
초판 1쇄 발행 2024년 11월 30일

지은이 쑨중싱 | **옮긴이** 박소정
펴낸이 오세인 | **펴낸곳** 세종서적(주)

주간 정소연
기획 김윤아
편집 이민애, 이상실 | **표지디자인** 유어텍스트 | **본문디자인** 김진희
마케팅 조소영 | **경영지원** 홍성우
인쇄 천광인쇄 | **종이** 화인페이퍼

출판등록 1992년 3월 4일 제4-172호
주소   서울시 광진구 천호대로132길 15, 세종 SMS 빌딩 3층
전화   (02)775-7012 | 마케팅 (02)775-7011 | 팩스 (02)319-9014
홈페이지 www.sejongbooks.co.kr | 네이버 포스트 post.naver.com/sejongbooks
페이스북 www.facebook.com/sejongbooks | 원고 모집 sejong.edit@gmail.com

ISBN 978-89-8407-840-6   03330